NEW YORK POST

Snow Storm Su Doku

NEW YORK POST

Snow Storm Su Doku

150 Difficult Puzzles

Compiled by sudokusolver.com

wm

WILLIAM MORROW

An Imprint of HarperCollins*Publishers*

NEW YORK POST SNOW STORM SU DOKU © 2012 by HarperCollins Publishers.
All rights reserved. Printed in the United States of America. No part of
this book may be used or reproduced in any manner whatsoever without
written permission except in the case of brief quotations embodied in
critical articles and reviews. For information address HarperCollins
Publishers, 10 East 53rd Street, New York, NY 10022.

HarperCollins books may be purchased for educational, business, or
sales promotional use. For information please write: Special Markets
Department, HarperCollins Publishers, 10 East 53rd Street, New York,
NY 10022.

ISBN 978-0-06-221382-2

12 13 14 15 16   RRD   10 9 8 7 6 5 4 3 2

All puzzles supplied by Lydia Ade and Noah Hearle of sudokusolver.com

Book design by Susie Bell, www.f-12.co.uk

Contents

Introduction

Su Doku is a highly addictive puzzle that is always solvable using logic. It has a single rule – complete each Su Doku puzzle by entering the numbers 1 to 9 once in each row, column and 3×3 block.

Many Su Doku puzzles can be solved by using just one solving technique. In the Difficult rated Su Doku puzzle in Fig. 1, look to see where the 2 can be placed in the bottom center block (highlighted). All squares except one are eliminated by the 2s in the fourth and fifth columns and the 2 in the eighth row, leaving only one possible square in which the 2 can be placed.

Fig. 1

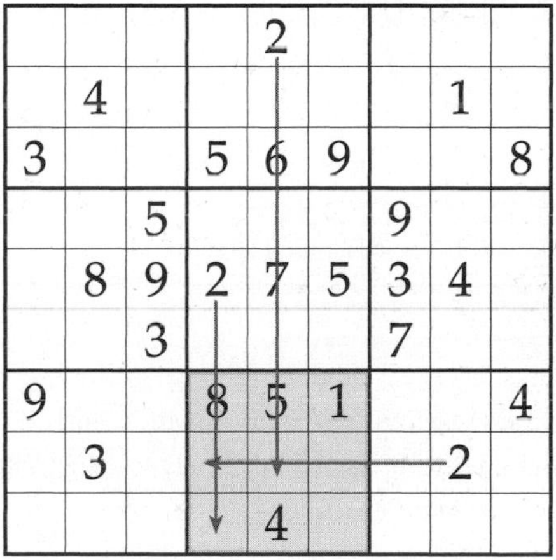

				2				
	4						1	
3			5	6	9			8
		5				9		
	8	9	2	7	5	3	4	
		3				7		
9			8	5	1			4
	3						2	
				4				

You can apply the same technique to place a number in a row or column.

In the puzzle below, you will need a slightly harder technique that requires pencil marks. Pencil marks are small numbers, usually written at the top of each unsolved square, listing all the possible values for that square. In the bottom center block, mark in all the pencil marks for this block (Fig. 2). One square contains only the 9 pencil mark and can now be solved.

Fig. 2

				2				
	4						1	
3			5	6	9			8
		5				9		
	8	9	2	7	5	3	4	
		3				7		
9			8	5	1			4
	3		679	⑨	67		2	
			3679	4	2			

Remember, every Su Doku puzzle has one unique solution, which can always be found by logic, not guesswork.

You can find details on more complex solving techniques and generate Su Doku puzzles at sudokusolver.com.

Puzzles

1

			8	6	5	7		
	2				7	5	6	
7	5		3					
8	7					1		4
6								3
1		3					7	6
					6		8	5
	6	9	4				2	
		7	5	9	3			

Snow Storm

2					6	5	4	3
9			1	2				
3								
4			5		1		2	
	2			7			9	
	8		3		2			5
								9
				3	9			4
7	4	9	2					1

9					8	6	2	
		5			3	8		7
		8						9
5		1			9			
	2						6	
			5			1		8
7						4		
1		9	8			3		
	5	4	3					6

7		4	8		3	6		
		1	6		2		7	
6		9						
				2	5			
8								4
			1	8				
						8		7
	9		3		1	4		
		2	9		8	5		3

5

	3	4				2	8	
	9			3			7	
		7	2		4	3		
9	5						1	2
		1	5		9	8		
7	8						5	4
		8	7		3	5		
	2			8			4	
	7	5				1	9	

6

8					5		2	
6							3	8
7	4		6	8				
4	6							
			5		7			
							6	3
				3	2		5	1
5	1							2
	3		4					6

		7	9		2			
	5			8			9	
				3	1			6
3		6						9
	1	9				8	7	
4						2		5
8			3	1				
	3			2			1	
			7		8	6		

Snow Storm

2		6		7		3		1
			6		9			
				4				
	8	1		9		6	7	
	9		7		8		4	
	3	5		1		9	8	
				8				
			3		4			
1		9		5		4		8

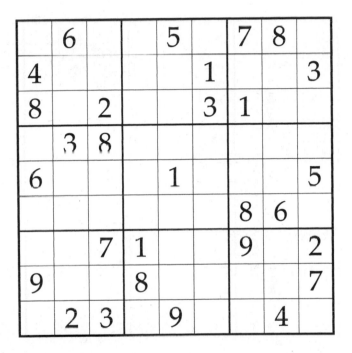

	6			5		7	8	
4					1			3
8		2			3	1		
	3	8						
6				1				5
						8	6	
		7	1			9		2
9			8					7
	2	3		9			4	

			8				6	
			2			8	5	4
			3	4		9	2	
5	4	1	9					
		9		6		5		
					8	1	4	9
	1	5		2	3			
9	6	3			4			
	2				7			

	5			1			4	
6		9			4			7
					5		2	
	7	5	6		8			
4				7				6
			2		3	7	9	
	9		8					
8			5			2		1
	2			3			7	

Snow Storm

		2	7					
	6			5	3			
	4					9		7
	2				5			4
	8		6		7		1	
9			2				6	
4		3					2	
			8	6			3	
					2	7		

13

		1			3			
	2					5	6	
	4		7		5			2
6		8		3		2		
			5	8	9			
		5		2		7		3
9			3		6		5	
	8	3					2	
			8			3		

5					3		9	8
9		7				5		
	2		9				1	
1				9		8		
			4	6	8			
		6		1				4
	1				4		7	
		3				1		5
6	9		5					2

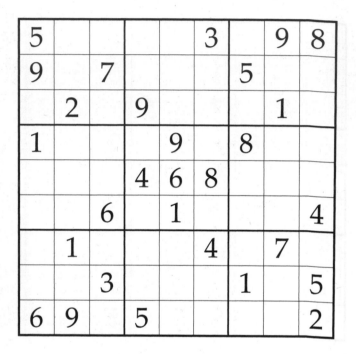

9			8				2	1
4		3	9					
8				1		3		
						6		2
			2		5			
1		6						
		7		9				3
					4	5		7
6	5				1			9

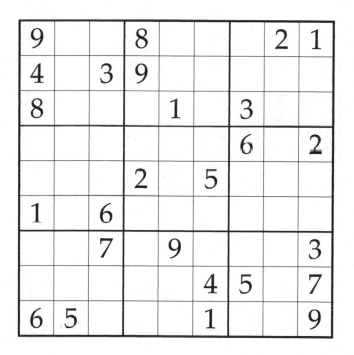

	5				2	1		8
9	7		5			4		
			3				5	6
	3	9			4			7
				5				
6			2			3	4	
7	8				6			
		5			1		8	4
1		4	7				3	

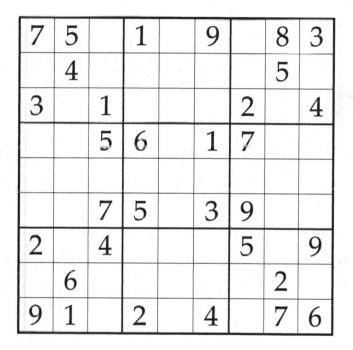

7	5		1		9		8	3
	4						5	
3		1				2		4
		5	6		1	7		
		7	5		3	9		
2		4				5		9
	6						2	
9	1		2		4		7	6

18

3							9	
			7		3			
	8	6				1		
	3	8			4	9		
	5			1			8	
		7	8			5	3	
		5				8	1	
			1		9			
	7							4

19

				4			9	
				1	5	2		6
			6			7	1	
		3	1				2	
9	7						8	5
	2				3	6		
	8	9			2			
2		5	9	3				
	3			6				

Snow Storm

20

			8			3		2
7	2			6	3			
9	3		5					
	5							
8	1		6		4		3	7
							6	
					2		7	4
			3	7			8	5
5		1			6			

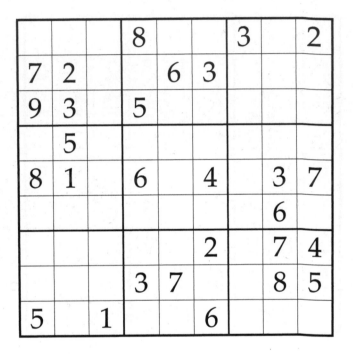

21

		3	7					
				1				5
		5	8	4				3
					8	7		1
3		6	2		1	9		4
1		8	3					
2				3	4	8		
5				8				
					2	6		

	3	2		9		5		7
1			3	2				
					4			
5	1		9					
	6	4				7	3	
					3		1	9
			8					
				3	2			8
7		8		5		1	9	

				5	8			9
9					4	1		
					9			3
	4	8						
	5	6				2	8	
						6	1	
8			2					
		5	4					1
2			3	1				

Snow Storm

1								8
		2		8		7		
	9			1			4	
3		6	5		2	4		7
	8						9	
2		9	8		7	5		1
	6			2			7	
		3		6		1		
5								6

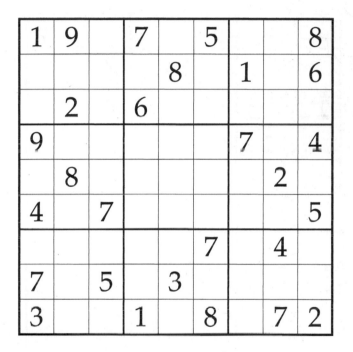

1	9		7		5			8
				8		1		6
	2		6					
9						7		4
	8						2	
4		7						5
					7		4	
7		5		3				
3			1		8		7	2

8			7				2	1
	5			1		8		
7		3	8					
			9			2		
3		7				9		8
		9			7			
					9	1		2
		8		3			4	
2	9				6			3

27

		4	3			7	2	
				4				
2					5	9		
6			8			3		7
7			5		3			9
1		9			7			2
		3	6					1
				1				
	7	1			4	6		

Snow Storm

4		5	7				1	
							7	
	2	6			3			
6				1				8
		8	3	2	7	4		
2				4				9
			8			5	9	
	7							
	4				5	3		7

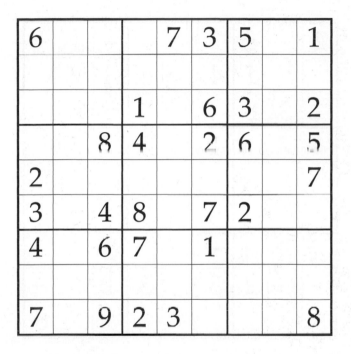

29

6				7	3	5		1
			1		6	3		2
		8	4		2	6		5
2								7
3		4	8		7	2		
4		6	7		1			
7		9	2	3				8

2								1
	6	1	4		8	3		
	3	8				5	7	
	7		1		2		5	
	1		6		9		2	
	8	7				2	3	
		2	5		3	1	6	
3								8

31

		2		9		4		
	3			4	6		2	
5								8
	8		5		7			
1	7						4	6
			4		3		7	
6								2
	2		9	5			3	
		8		2		1		

	7	1	2	3				
	6					3	4	7
	9							1
			4		1			3
9				6				5
8			5		2			
6							1	
1	4	7					3	
				1	5	7	8	

3								1
9		6		4				
		4	1		9			
				5	6	9		2
		2		8		3		
5		8	2	9				
			5		4	2		
				2		1		9
4								3

Snow Storm

		8		5		9		
		6		4	9			
9				1			6	7
	2							
7	6	9				5	8	1
							3	
3	5			9				2
			7	2		3		
		2		6		4		

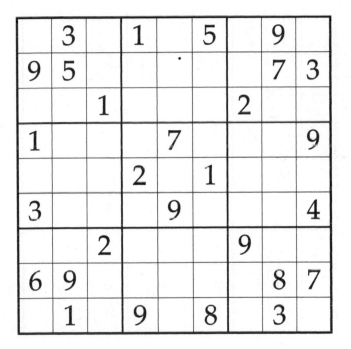

	3		1		5		9	
9	5						7	3
		1				2		
1				7				9
			2		1			
3				9				4
		2				9		
6	9						8	7
	1		9		8		3	

	1	7		6			4	
			9		4			
		5						3
	3	9	5	8				6
	8						5	
1				9	6	2	3	
2						1		
			1		7			
	7			5		3	2	

4		7				3		
			7					
8		5		2	4			1
	4		8		2	9		
		2				4		
		9	6		5		2	
2			9	8		7		3
					3			
		3				5		2

Snow Storm

	7		5			3		
	1	6				9	2	5
5	8						4	
				4				6
			9	8	3			
7				1				
	4						8	2
6	2	7				4	9	
		5			2		7	

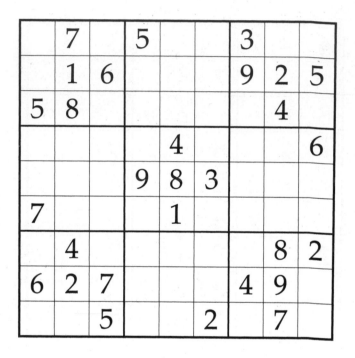

	2		5				8	
3			9	8		5		2
	5			7				
							3	8
	3	1				2	6	
9	7							
				6			2	
1		3		5	8			9
	8				3		5	

Snow Storm

4		9		1		6		7
			8		2			
	1						5	
		6	3		4	8		
	8			2			1	
		2	9		1	4		
	3						2	
			7		5			
5		1		3		7		4

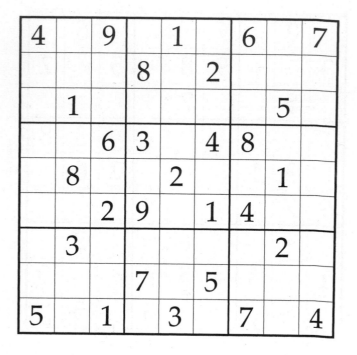

	8	2			7			
			1	3				4
				9	2			7
1		8					7	
	9	6				4	5	
	4					2		1
2			3	5				
9				7	1			
			6			7	1	

Snow Storm

	3		2	9		1		
2	1				6			
8		6		5		7		
	7		8					
		5		4		3		
					3		7	
		8		7		6		3
			5				4	8
		2		3	8		9	

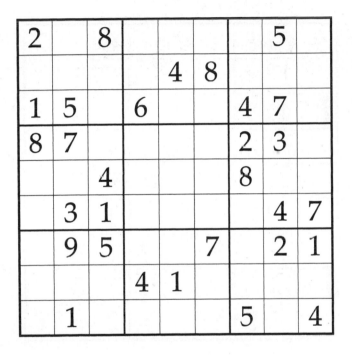

43

2		8					5	
				4	8			
1	5		6			4	7	
8	7					2	3	
		4				8		
	3	1					4	7
	9	5			7		2	1
			4	1				
	1					5		4

Snow Storm

9		8				6		7
	1						5	
	4		1		5		2	
		4		6		3		
		7	8		4	5		
		2		7		1		
	2		3		9		4	
	7						3	
3		5				2		1

45

4			6	5	9		7	8
3					7			
		7		4		2		
5	6							9
8		9				4		7
7							5	2
		6		8		5		
			1					6
1	7		5	3	6			4

		1	4		6	5		
6			3			7	1	
							8	
4			8	9				
	2	3		1		9	7	
				6	2			8
	6							
	3	9			8			1
		4	6		9	8		

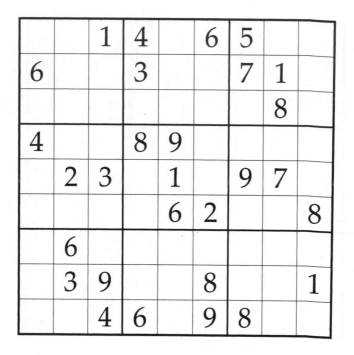

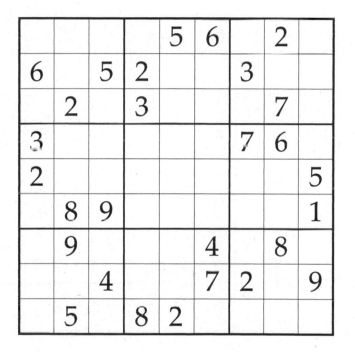

47

				5	6		2	
6		5	2			3		
	2		3				7	
3						7	6	
2								5
	8	9						1
	9				4		8	
		4			7	2		9
	5		8	2				

Snow Storm

	3	9	6		4	7	2	
		2	1		9	4		
9			5		6			2
	6						5	
2			3		7			4
		6	4		5	9		
	4	5	2		3	1	7	

Su Doku

2		3					5	6
8			1	6				
					2			4
		1	3		6		8	
	5						6	
	2		9		8	5		
1			7					
				3	1			5
5	9					3		7

			7		3			
	5	7		8		9	6	
1	2		6		9		7	3
	7						8	
9								2
	1						9	
2	9		5		8		3	7
	8	3		9		5	4	
			3		6			

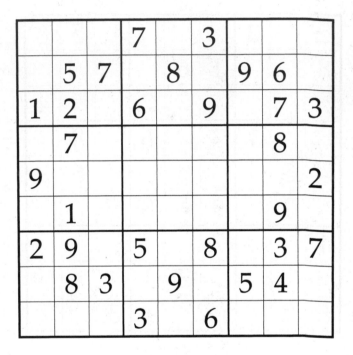

		1			3	8	7	
			5	6	7			
			8				3	
1						4		3
4		9				2		6
2		5						9
	9				1			
			3	8	4			
	4	8	2			3		

4				6		3		8
	8		5				7	
6		7		3		5		
			4		9		3	
9		6				4		1
	4		1		6			
		9		4		1		5
	6				2		8	
8		1		9				2

		4	6	3				
	5	1					8	
				1	5		7	4
		8	1		3			5
6		3				1		8
1			8		9	4		
5	3		7	2				
	6					7	5	
				9	6	3		

1			7			9	3	4
3		8						
6			2				1	
				5		2		9
			3		2			
4		1		8				
	4				6			1
						6		5
2	6	9			5			3

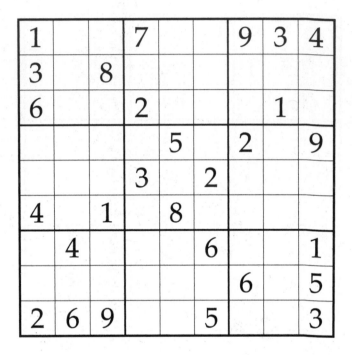

55

			4		8			
6			1				3	
	4			5			8	6
9	7				4	6	5	
	2	5	8				7	9
3	5			4			2	
	6				1			7
			5		7			

4			7		6			3
7	8						6	2
				8				
8		2		7		3		9
			2		4			
5		4		9		7		6
				2				
1	9						7	8
2			3		8			5

	3	8				7	4	
		9	5		7	2		
7				3				5
				2				
3		2	4		6	5		1
				1				
2				7				3
		3	9		1	4		
	7	5				1	9	

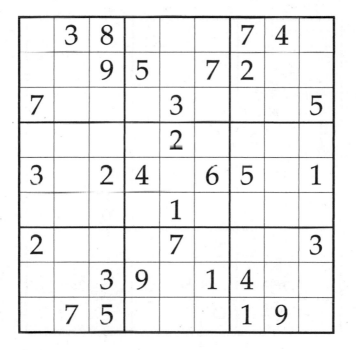

58

3					5			4
	6		3	2			1	
		2		8	9	5		
2		3					5	
	9	8		3		4	7	
	7					3		9
		4	8	7		6		
	3			4	6		9	
1			9					7

		7						9
	5				8	7	6	
3			5	9			8	
		8		5			7	
		3	7		4	1		
	7			1		9		
	9			4	2			3
	3	1	9				2	
4						6		

Snow Storm

	4		6	8				
	2						1	8
		1			2	9		
		8		7				5
3			2		5			1
1				3		7		
		5	8			2		
8	9						4	
				1	9		5	

61

			1	8		3		
				5		7	2	8
					7	5		
	9				3	2	4	
			2		6			
	1	4	7				8	
		2	5					
4	6	1		7				
		3		2	4			

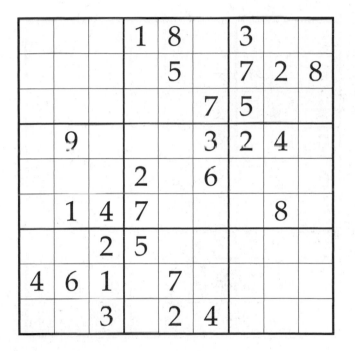

	4	9				5	7	
3		5	1		2	9		8
9								3
6			7	8	9			2
8								6
7		2	5		4	3		9
	6	3				4	2	

		9		3		2		
	5	3			8			
7	8					5		6
				5	1		8	
6			8		4			3
	9		3	7				
8		6					4	5
			7			8	9	
		5		8		3		

Snow Storm

			8		7	5		2
	2			6		9		
			5		1		3	4
2		4				7		1
	1						4	
7		3				2		9
9	6		7		5			
		8		1			9	
3		2	6		9			

65

		8				6		
9	4						5	7
	1		2		5		9	
4			9		8			2
				6				
8			5		4			1
	8		3		9		1	
7	2						8	9
		9				5		

Snow Storm

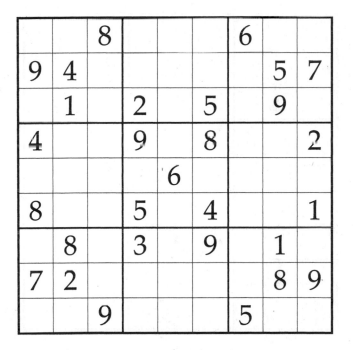

5								2
			9	7		8		
	2			3	5			
		3		4			8	
	8	1	2		9	5	7	
	9			1		6		
			6	9			3	
		2		5	3			
6								1

					1	9		
	7	5	3				8	
	1				9			2
	3					6		8
				7				
2		6					4	
7			9				1	
	8				2	4	6	
		4	1					

Snow Storm

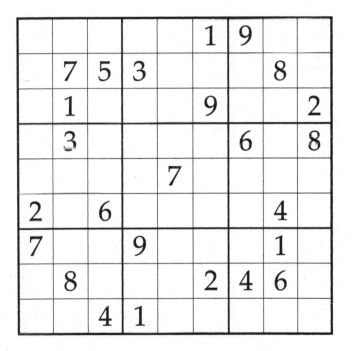

68

9	1		6	3				8
			4					2
		8	9			6		
						8	1	5
7								4
1	9	5						
		7			3	2		
8					4			
3				6	2		4	9

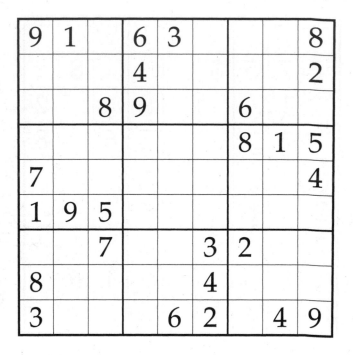

69

	1		3				5	
4	9						1	6
		7		1		2		
			5		9			1
		8				3		
1			8		7			
		2		8		1		
8	4						6	3
	6				3		7	

70

			9		4	2	5	
			2	6		9	8	
					7		1	
6	9							
3								8
							7	6
	8		3					
	2	4		7	6			
	3	9	1		2			

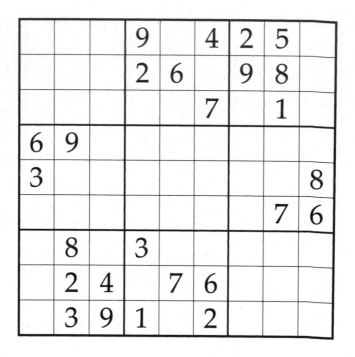

71

7				5	8			
4							7	
1				9		5		
			2	1		8		
	3						9	
		5		4	3			
		7		2				3
	8							1
			1	3				2

Snow Storm

		8	1				5	
6			9		2	4		
	1			5				2
	5						4	7
		6		7		9		
9	8						3	
2				6			1	
		3	7		5			4
	9				3	7		

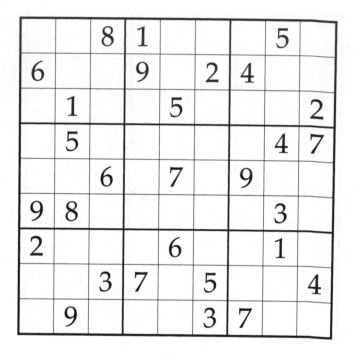

73

8	7							1
	5	6		7			3	8
					3		5	
		9		8				
	1		5		9		7	
				4		1		
	6		4					
3	2			1		4	9	
4							2	3

	5			1				
	3		2		6	5	8	4
	2				8			
	9	1					3	
6				2				8
	8					7	2	
			6				1	
7	1	3	9		2		4	
				5			9	

Su Doku

75

3	1						8	2
4	6	7	5					9
	9		1					
	5	3		8	1			
			4		2			
			7	5		8	2	
					6		3	
9					5	7	6	4
6	3						9	5

					3	7		2
		1						9
2	8			9				6
8						3		
		3	9		7	5		
		6						8
3				1			8	7
1						2		
5		9	2					

	1						5	
3							8	4
			8	4	1			
		2	3		7	6		
		9				2		
		7	1		9	3		
			5	7	4			
8	5							7
	7						9	

Snow Storm

			1				8	
		7	5	9				
	1			8		5		6
		4				6	5	
6								1
	7	9				4		
9		1		3			4	
				6	4	8		
	8				2			

79

6	4						8	3
		7	9		4	2		
1		4		8		6		7
			3		6			
5		3		7		8		9
		2	6		5	9		
4	9						1	2

2			9			6		
				6	8			
		3			1	5		7
5					9	4	6	
	2			7			1	
	4	1	5					9
6		5	8			7		
			6	1				
		8			4			6

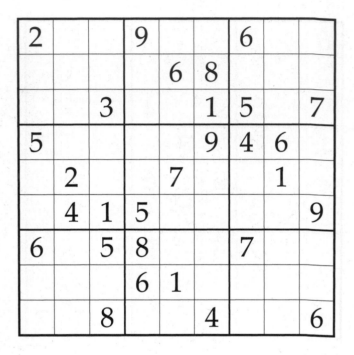

2		3	8					
						8		
6	9						7	
	5		9	2				1
7		9		1		5		8
4				8	5		2	
	8						1	6
		4						
					1	7		5

Snow Storm

	8	2	1	6			4	
						1		
	1	6			2	8		
	9		6					
1			3		7			5
					4		9	
		7	4			9	6	
		1						
	6			7	9	5	3	

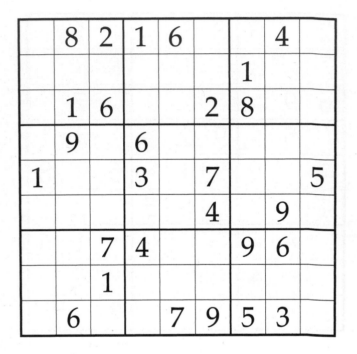

83

				8			1	
3	6	2					8	
			3		4		5	
		4	5		8	3		
5								9
		6	4		3	5		
	8		7		2			
	4					1	7	2
	3			5				

Snow Storm

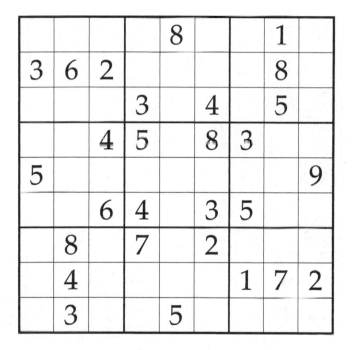

	1						3	
	7						6	
	6	3			8	1		2
			5		3		9	
7				9				3
	9		7		6			
9		6	1			7	8	
	3						1	
	4						5	

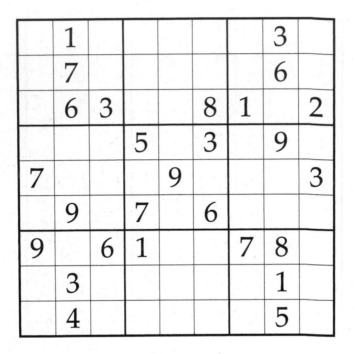

		1	2		8	3		
			3		1			
9				7				2
6	2						1	8
	7	8				9	3	
5	3						4	7
8				6				5
			1		2			
		6	5		7	8		

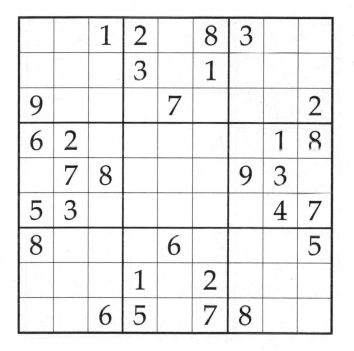

			7			4		8
	9			5				
		7			2			6
3			6	7		1		
	7		5		3		6	
		6		8	9			3
6			2			9		
				1			2	
5		9			7			

					9			
	2	5	6		8			
	7	9		2				
		6		7				8
5	8		9		3		7	4
4				5		1		
				3		9	5	
			5		4	8	3	
			2					

Snow Storm

88

					2	9	5	
		6			1	7	8	3
	3				7	1	6	
	6	9	1		4	8	2	
	2	1	6				9	
4	9	3	8			5		
	5	8	7					

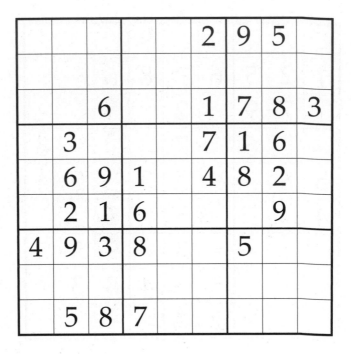

89

			9				3	
1						6		
	3	7	6	8		9		
			8		4	3		1
		8		6		5		
9		1	2		3			
		2		1	6	8	4	
		3						7
	9				2			

			1		8	3	7	
6				4	3			
4		3			9	1		
1	9	2						8
	5						3	
3						7	1	2
		1	6			8		7
			9	1				3
	3	6	4		7			

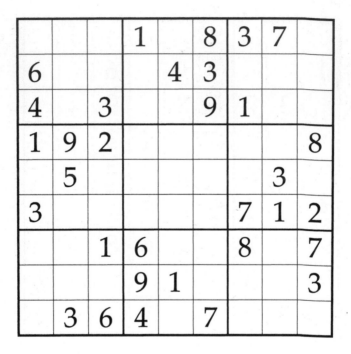

91

4		5			6	1		
				3		6		
8					5		4	3
					1	2		6
	8			9			3	
1		2	4					
9	5		2					4
		8		5				
		1	3			8		9

Snow Storm

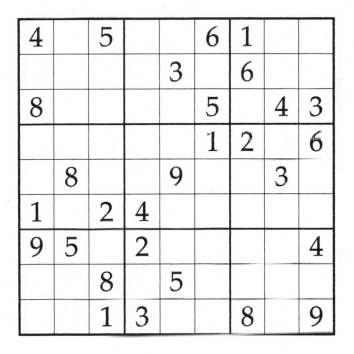

	8	5	6					
	6				1	7	4	8
	3				9			6
	5	9						1
				5				
2						8	6	
3			2				7	
5	4	7	1				8	
					4	6	5	

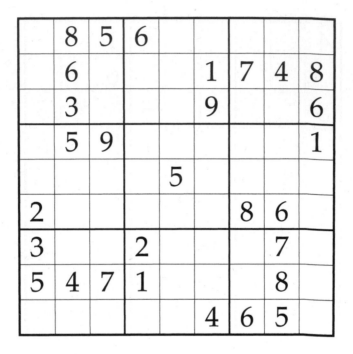

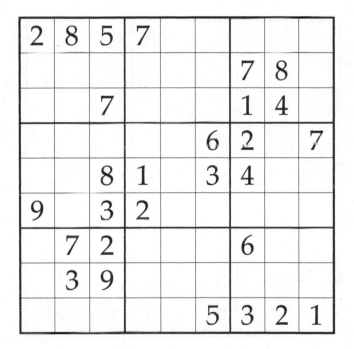

93

2	8	5	7					
						7	8	
		7				1	4	
					6	2		7
		8	1		3	4		
9		3	2					
	7	2				6		
	3	9						
					5	3	2	1

94

		9	3		8	4		
	2		4		7		6	
4				5				1
	6						1	
2			9		5			6
	4						3	
3				8				7
	9		1		2		8	
		6	7		4	1		

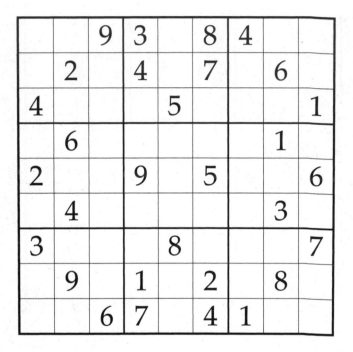

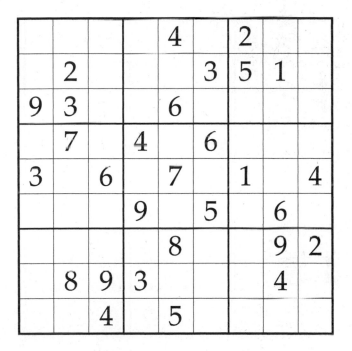

				4		2		
	2				3	5	1	
9	3			6				
	7		4		6			
3		6		7		1		4
			9		5		6	
				8			9	2
	8	9	3				4	
		4		5				

96

6		5	7				1	8
1		8	4					
							4	7
			6		2		9	1
4	6		1		8			
8	2							
					4	3		9
5	3				7	6		4

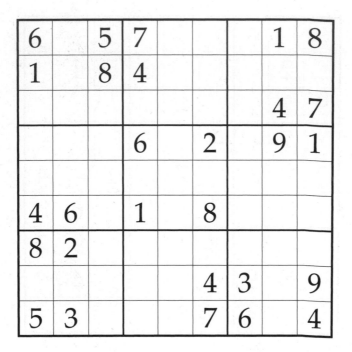

97

		6						
	5		3	7			9	
9	7				1			
8				2		9		7
	9			8			4	
1		5		3				6
			6				2	4
	1			5	4		3	
						1		

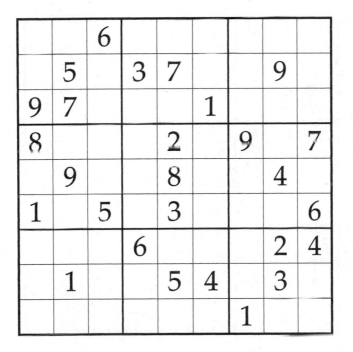

	1	9	3					
				4		1	7	
	4				1			9
	6	5			3	9		
		3				8		
		2	7			6	1	
6			2				3	
	2	1		7				
					8	5	6	

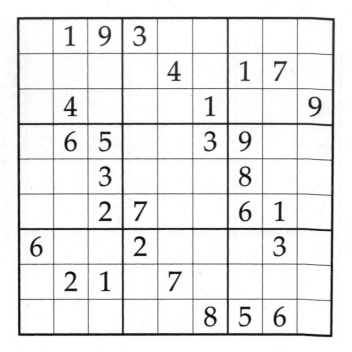

99

7			6		1			8
				9				
6		5				1		2
	6		4		3		2	
	2			8			9	
	1		2		9		3	
3		4				2		7
				2				
2			1		7			4

Snow Storm

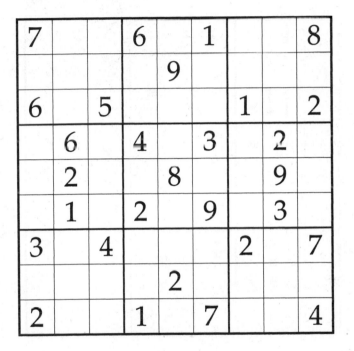

100

			9	1			7	
6						9		
	1	8			7	6		
		6	8		5			7
5								6
2			7		1	5		
		5	4			1	6	
		2						3
	6			3	8			

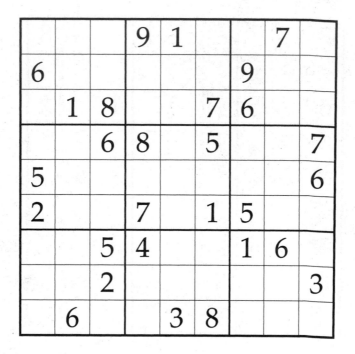

		1		3	8			
	9	8		1			3	
					2		9	8
7		4						
5	8						1	2
						4		9
4	6		5					
	5			2		3	6	
			6	7		8		

					8		4	5
2			3				6	1
			7	1				
	3					6		
		7	4		1	9		
		8					7	
				2	7			
3	7				6			8
5	6		8					

	2					9		
			6	4			3	7
	4			8		1		
4	1					3		
			8		4			
		5					6	4
		3		7			8	
8	9			5	2			
		1					9	

7	1		3					
8	6		5		2			
		9			8			
4	9			5		6	1	
			9		4			
	8	7		2			9	3
			2			3		
			4		1		5	7
					7		2	9

					3		5	
1	6	3	2					
	4		1	9				
		9		1				6
6	7						4	1
4				6		5		
				2	1		9	
					4	2	8	7
	9		7					

				7	6			
	6	8					3	
		3	9			6	5	
8			7		9	3		
7				8				2
		1	4		2			5
	8	6			1	5		
	4					2	9	
			5	4				

		5				4		
3		8	4		1	9		7
			2		7			
9		6				8		2
2								3
1		4				7		5
			1		3			
7		3	9		8	1		4
		2				3		

Snow Storm

				3	5			
8		2		9	6			
1		5	8					
		1				4		5
5				4				7
6		9				3		
					3	5		9
			9	7		1		2
			6	5				

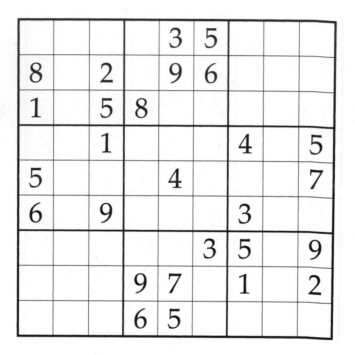

			8		4			
8				5				6
5		7		6		8		2
2		1				7		3
1								8
6		9				2		4
9		2		4		3		7
7				2				1
			6		3			

4			3			6		9
			4	1				
3				7	2			
		5					3	8
	2	9				7	4	
8	7					5		
			7	2				5
				3	4			
2		7			8			3

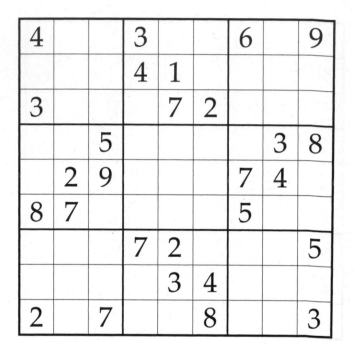

8		3				5		6
	5			3			2	
2			9					7
		5	1	8				
	7		5		6		4	
				7	4	8		
5					7			4
	6			1			5	
4		7				1		2

Snow Storm

	3		9			8		1
			6	2	8	7		4
		4		5		1	8	2
		1				3		
3	2	7		8		6		
2		3	7	9	6			
9		8			3		1	

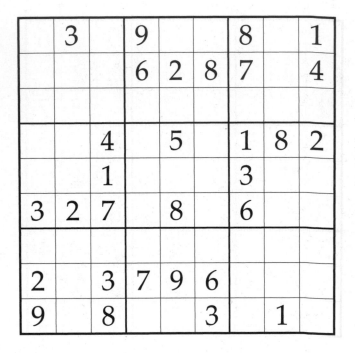

		2	8		3	9		
		7	9		5	1		
8								3
1			3	8	2			6
7			1	4	9			8
2								7
		8	6		1	2		
		3	2		8	5		

3		6			1	2		5
4								
7			2				3	
					4	7		6
		4	9		5	1		
6		5	1					
	9				2			8
								2
2		3	4			9		1

5			8			9		2
			6					
3		7	4	2		5		
						3	6	8
		5				1		
6	8	1						
		4		7	3	6		9
					6			
1		2			4			7

Snow Storm

3		1		2		5	6	7
		4						
6	2							8
	6			4	8			
	9						7	
			5	3			2	
5							4	6
						3		
8	4	6		5		2		9

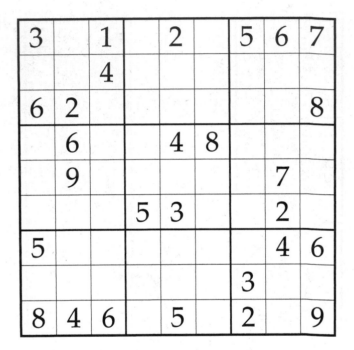

117

2				1				3
		3	2		4	6		
	5						7	
	4			2			3	
5			8		9			6
	3			5			2	
	9						1	
		8	1		2	5		
1				4				2

Snow Storm

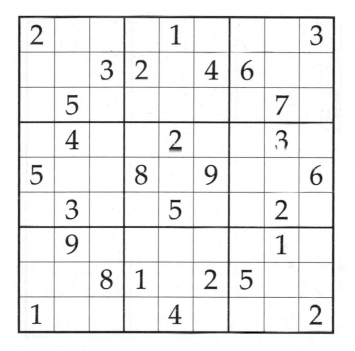

			9	2			5	
3	5	9		6			2	
					4		8	
		2	6		9			8
9	6						3	2
4			5		2	9		
	4		2					
	2			4		8	9	7
	9			8	1			

Su Doku

			8	7	6			
			4		9			
6		4		2		7		5
5		8				6		1
1								7
4		9				5		2
9		7		8		1		4
			9		7			
			5	4	2			

Snow Storm

		3		5		7		8
			6		7			
5			3	8		4		6
8		6				9		
				6				
		7				3		1
7		4		1	5			9
			9		8			
3		8		4		1		

4	9						5	
6		7	2		4		8	
8				5				
1								3
			4		1			
3								9
			8					6
	4		1		7	2		5
	6						9	4

Snow Storm

	5		3		4	8		
	7		5				9	3
2				9				
1							7	5
		3				6		
6	2							8
				5				9
4	8				3		2	
		2	7		9		8	

8			6	7				
	7	9				3		5
4	3							
	9							4
1	4	2				6	3	7
3							1	
							4	3
5		3				1	8	
				2	8			9

		1		7	8	4		
4		7	2					
8		5	4			6		
				9	3			
	7		5		2		3	
			7	6				
		4			6	9		3
					7	2		6
		9	3	2		8		

125

		3		7		5		
			4	8	5			
1	4						7	8
3	6	8				9	4	7
2	7	1				3	5	6
9	1						3	2
			1	3	7			
		4		2		7		

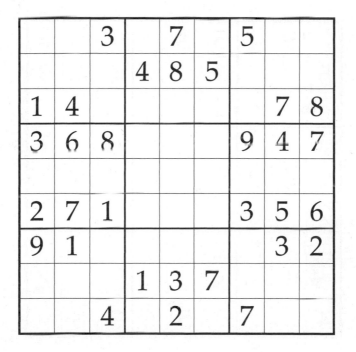

	9	4	5	1				6
5					7	4		9
				8				
						6		1
	4	2				5	3	
7		6						
			2					
2		1	8					4
4				5	6	3	8	

127

	8					2		
					9	8	3	
6		2	8		5			
1		8						
	3	6	2		7	9	1	
						7		3
			7		8	5		4
	5	9	6					
		7					9	

	7	4	9	8			5	
			2					
		6	3				2	7
		5						4
	3	2		4		8	1	
8						6		
7	1				3	5		
					1			
	2			6	9	7	8	

129

5				7		2		9
			8			1		
1	4		5	2				
						9	3	
4		5				8		1
	3	8						
				5	7		9	6
		6			4			
9		7		1				4

Snow Storm

					7		8	
8		9		4				
			8	5	3		6	
9		7				8		
	5	6				3	7	
		1				9		5
	9		6	8	4			
				2		6		7
	3		7					

	1		3			4		
2		8		1				
					6	7		2
8	2		5			6		
9				7				4
		7			3		9	1
4		9	2					
				3		2		9
		2			4		6	

Snow Storm

				7				
8			4		1			5
		6	9		5	7		
		3	5	1	8	9		
		9				4		
		8	7	4	9	6		
		1	8		7	3		
6			3		2			7
				5				

			7		8			2
	5		3			8	1	6
						3		
						9	6	4
		9		4		1		
4	8	7						
		3						
8	9	2			3		5	
5			6		9			

		3	4					9
	7			3	9			
9			6		2			
3		5				8	6	
	2						4	
	4	8				9		1
			5		4			3
			7	2			8	
8					6	1		

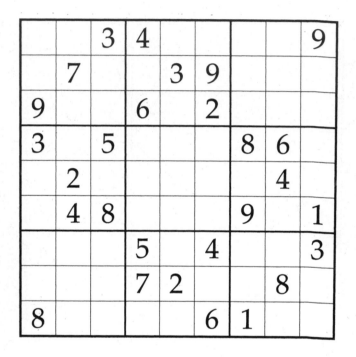

			7				8	
	9							3
		5	2	4			9	
	2	6				9	5	
				2				
	7	9				6	2	
	1			9	5	4		
8							3	
	6				1			

1		4				7		8
		5		8				
	8		2		6			
	9			1			3	
2		3				6		4
	5			3			9	
			9		4		2	
				7		9		
9		1				4		3

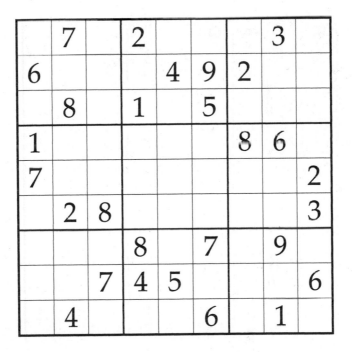

	7		2				3	
6				4	9	2		
	8		1		5			
1						8	6	
7								2
	2	8						3
			8		7		9	
		7	4	5				6
	4				6		1	

5			9		2			
				7	1	4		
						9	7	
9					6		5	7
	4			5			1	
6	5		7					3
	8	5						
		9	2	1				
			3		8			4

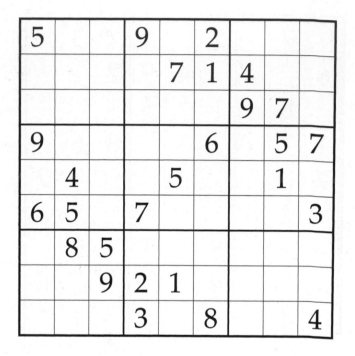

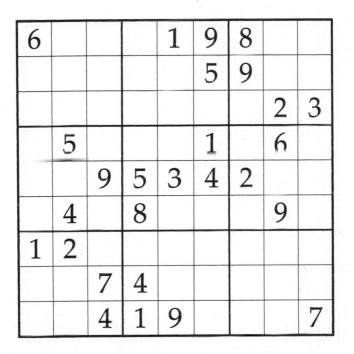

139

6				1	9	8		
					5	9		
							2	3
	5				1		6	
		9	5	3	4	2		
	4		8				9	
1	2							
		7	4					
		4	1	9				7

7		5		2	3			6
		3			6			
8	6	2						
			2				6	4
6								5
2	5				7			
						3	4	2
			8			1		
4			3	1		6		9

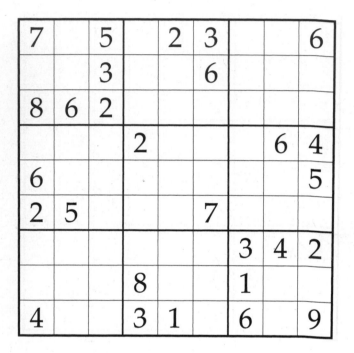

					3		5	
				1	7	2	8	
5			2			3		
1		2					4	
	9			8			2	
	8					9		1
		7			5			8
	3	9	7	4				
	4		8					

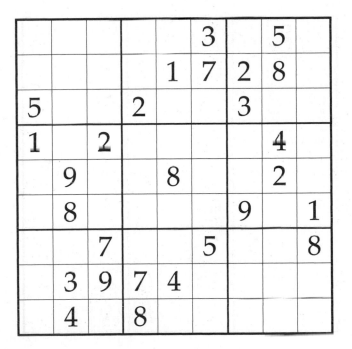

	2		1					8
		4	6					
9				4		3		2
	1				9			5
		8				6		
6			5				4	
1		9		5				4
					6	7		
3					8		1	

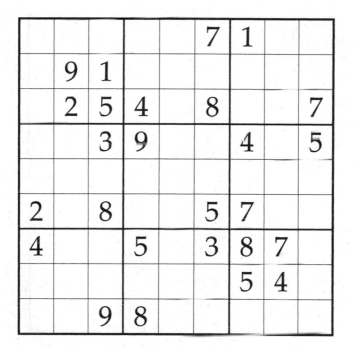

143

					7	1		
	9	1						
	2	5	4		8			7
		3	9			4		5
2		8			5	7		
4			5		3	8	7	
						5	4	
		9	8					

Snow Storm

	6			2	4		8	1
4								3
		5				4		
				1	6			9
3			2		9			4
7			8	4				
		4				3		
8								2
5	2		4	9			7	

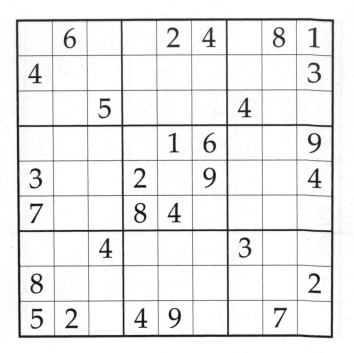

8	1			9	6		4	
			8					3
	7	3	5					9
								5
	8	9				1	2	
2								
1					4	7	5	
3				5				
	6		9	7			8	1

Snow Storm

3					7	9		1
2			3					8
	7	6			5		3	
4		8	6			7		
		7			3	8		4
	2		5			1	4	
1					6			5
6		5	1					7

147

8	4				9	2		
		2						
	7				6		5	
3					1		9	
7	8						3	2
	5		7					4
	2		9				4	
						8		
		5	3				2	9

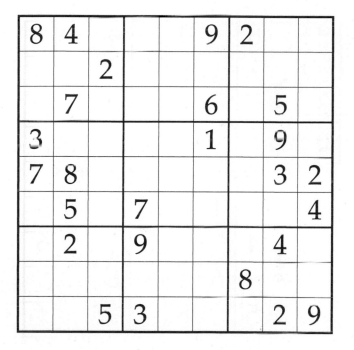

9		8		3		4		
		7		9	1			
3						5		
6					9			
	4	3				7	6	
			4					5
		4						6
			6	1		8		
		5		8		2		1

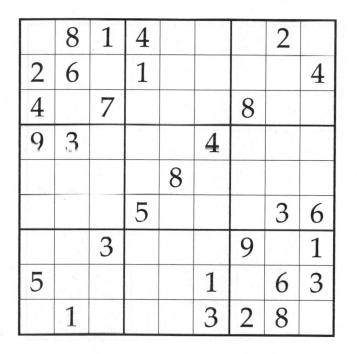

	8	1	4				2	
2	6		1					4
4		7				8		
9	3				4			
				8				
			5				3	6
		3				9		1
5					1		6	3
	1				3	2	8	

Snow Storm

	1		3		6			
	4		5	1		6	2	
		9	4		8			7
6				2				4
4			1		7	9		
	6	2		4	3		7	
			6		1		5	

Solutions

1

9	1	4	8	6	5	7	3	2
3	2	8	1	4	7	5	6	9
7	5	6	3	2	9	4	1	8
8	7	5	6	3	2	1	9	4
6	9	2	7	1	4	8	5	3
1	4	3	9	5	8	2	7	6
4	3	1	2	7	6	9	8	5
5	6	9	4	8	1	3	2	7
2	8	7	5	9	3	6	4	1

2

2	7	1	9	8	6	5	4	3
9	5	4	1	2	3	8	6	7
3	6	8	7	4	5	9	1	2
4	9	7	5	6	1	3	2	8
5	2	3	8	7	4	1	9	6
1	8	6	3	9	2	4	7	5
6	3	5	4	1	7	2	8	9
8	1	2	6	3	9	7	5	4
7	4	9	2	5	8	6	3	1

Solutions

3

9	1	3	7	5	8	6	2	4
6	4	5	2	9	3	8	1	7
2	7	8	4	1	6	5	3	9
5	8	1	6	7	9	2	4	3
3	2	7	1	8	4	9	6	5
4	9	6	5	3	2	1	7	8
7	3	2	9	6	5	4	8	1
1	6	9	8	4	7	3	5	2
8	5	4	3	2	1	7	9	6

4

7	5	4	8	9	3	6	2	1
3	8	1	6	4	2	9	7	5
6	2	9	5	1	7	3	4	8
9	3	7	4	2	5	1	8	6
8	1	6	7	3	9	2	5	4
2	4	5	1	8	6	7	3	9
1	6	3	2	5	4	8	9	7
5	9	8	3	7	1	4	6	2
4	7	2	9	6	8	5	1	3

Su Doku

5

5	3	4	9	6	7	2	8	1
2	9	6	8	3	1	4	7	5
8	1	7	2	5	4	3	6	9
9	5	3	4	7	8	6	1	2
4	6	1	5	2	9	8	3	7
7	8	2	3	1	6	9	5	4
1	4	8	7	9	3	5	2	6
6	2	9	1	8	5	7	4	3
3	7	5	6	4	2	1	9	8

6

8	9	3	1	7	5	6	2	4
6	5	1	9	2	4	7	3	8
7	4	2	6	8	3	9	1	5
4	6	5	3	1	9	2	8	7
3	2	8	5	6	7	1	4	9
1	7	9	2	4	8	5	6	3
9	8	6	7	3	2	4	5	1
5	1	4	8	9	6	3	7	2
2	3	7	4	5	1	8	9	6

7

6	8	7	9	4	2	3	5	1
1	5	3	6	8	7	4	9	2
9	4	2	5	3	1	7	8	6
3	2	6	8	7	5	1	4	9
5	1	9	2	6	4	8	7	3
4	7	8	1	9	3	2	6	5
8	6	4	3	1	9	5	2	7
7	3	5	4	2	6	9	1	8
2	9	1	7	5	8	6	3	4

8

2	4	6	8	7	5	3	9	1
8	1	3	6	2	9	7	5	4
9	5	7	1	4	3	8	2	6
4	8	1	5	9	2	6	7	3
6	9	2	7	3	8	1	4	5
7	3	5	4	1	6	9	8	2
3	2	4	9	8	1	5	6	7
5	7	8	3	6	4	2	1	9
1	6	9	2	5	7	4	3	8

9

3	6	1	2	5	9	7	8	4
4	7	9	6	8	1	2	5	3
8	5	2	4	7	3	1	9	6
2	3	8	9	6	5	4	7	1
6	9	4	7	1	8	3	2	5
7	1	5	3	2	4	8	6	9
5	8	7	1	4	6	9	3	2
9	4	6	8	3	2	5	1	7
1	2	3	5	9	7	6	4	8

10

2	5	4	8	7	9	3	6	1
3	9	7	2	1	6	8	5	4
1	8	6	3	4	5	9	2	7
5	4	1	9	3	2	7	8	6
8	7	9	4	6	1	5	3	2
6	3	2	7	5	8	1	4	9
7	1	5	6	2	3	4	9	8
9	6	3	1	8	4	2	7	5
4	2	8	5	9	7	6	1	3

11

2	5	7	9	1	6	8	4	3
6	8	9	3	2	4	1	5	7
3	1	4	7	8	5	6	2	9
9	7	5	6	4	8	3	1	2
4	3	2	1	7	9	5	8	6
1	6	8	2	5	3	7	9	4
7	9	1	8	6	2	4	3	5
8	4	3	5	9	7	2	6	1
5	2	6	4	3	1	9	7	8

12

1	5	2	7	9	8	6	4	3
7	6	9	4	5	3	1	8	2
3	4	8	1	2	6	9	5	7
6	2	1	9	8	5	3	7	4
5	8	4	6	3	7	2	1	9
9	3	7	2	1	4	5	6	8
4	9	3	5	7	1	8	2	6
2	7	5	8	6	9	4	3	1
8	1	6	3	4	2	7	9	5

Su Doku

13

7	5	**1**	2	6	**3**	9	4	8
3	**2**	9	1	4	8	**5**	**6**	7
8	**4**	6	**7**	9	**5**	1	3	**2**
6	1	**8**	4	**3**	7	**2**	9	5
2	3	7	**5**	**8**	**9**	4	1	6
4	9	**5**	6	**2**	1	**7**	8	**3**
9	7	2	**3**	1	**6**	8	**5**	4
5	**8**	**3**	9	7	4	6	**2**	1
1	6	4	**8**	5	2	**3**	7	9

14

5	6	1	7	4	**3**	2	**9**	**8**
9	3	**7**	1	8	2	**5**	4	6
8	**2**	4	**9**	5	6	7	**1**	3
1	4	2	3	**9**	5	**8**	6	7
7	5	9	**4**	**6**	**8**	3	2	1
3	8	**6**	2	**1**	7	9	5	**4**
2	**1**	5	8	3	**4**	6	**7**	9
4	7	**3**	6	2	9	**1**	8	**5**
6	**9**	8	**5**	7	1	4	3	**2**

9	6	5	8	7	3	4	2	1
4	1	3	9	5	2	8	7	6
8	7	2	4	1	6	3	9	5
5	8	9	1	4	7	6	3	2
7	3	4	2	6	5	9	1	8
1	2	6	3	8	9	7	5	4
2	4	7	5	9	8	1	6	3
3	9	1	6	2	4	5	8	7
6	5	8	7	3	1	2	4	9

4	5	3	6	9	2	1	7	8
9	7	6	5	1	8	4	2	3
8	2	1	3	4	7	9	5	6
5	3	9	8	6	4	2	1	7
2	4	7	1	5	3	8	6	9
6	1	8	2	7	9	3	4	5
7	8	2	4	3	6	5	9	1
3	6	5	9	2	1	7	8	4
1	9	4	7	8	5	6	3	2

17

7	**5**	2	**1**	4	**9**	6	**8**	**3**
6	**4**	9	3	2	8	1	**5**	7
3	8	**1**	7	6	5	**2**	9	**4**
8	3	**5**	**6**	9	**1**	**7**	4	2
1	9	6	4	7	2	8	3	5
4	2	**7**	**5**	8	**3**	**9**	6	1
2	7	**4**	8	3	6	**5**	1	**9**
5	**6**	3	9	1	7	4	**2**	8
9	**1**	8	**2**	5	**4**	3	**7**	**6**

18

3	2	4	6	8	1	7	**9**	5
5	9	1	**7**	4	**3**	2	6	8
7	**8**	**6**	9	2	5	**1**	4	3
6	**3**	**8**	5	7	**4**	**9**	2	1
9	**5**	2	3	**1**	6	4	**8**	7
4	1	**7**	**8**	9	2	**5**	**3**	6
2	6	**5**	4	3	7	**8**	**1**	9
8	4	3	**1**	5	**9**	6	7	2
1	**7**	9	2	6	8	3	5	**4**

19

3	1	6	2	4	7	5	9	8
7	9	8	3	1	5	2	4	6
4	5	2	6	8	9	7	1	3
5	6	3	1	7	8	4	2	9
9	7	1	4	2	6	3	8	5
8	2	4	5	9	3	6	7	1
6	8	9	7	5	2	1	3	4
2	4	5	9	3	1	8	6	7
1	3	7	8	6	4	9	5	2

20

1	6	5	8	4	7	3	9	2
7	2	4	9	6	3	8	5	1
9	3	8	5	2	1	7	4	6
6	5	7	2	3	8	4	1	9
8	1	2	6	9	4	5	3	7
4	9	3	7	1	5	2	6	8
3	8	9	1	5	2	6	7	4
2	4	6	3	7	9	1	8	5
5	7	1	4	8	6	9	2	3

21

6	1	**3**	**7**	2	5	4	9	8
4	8	9	6	**1**	3	2	7	**5**
7	2	**5**	**8**	**4**	9	1	6	**3**
9	5	2	4	6	**8**	**7**	3	**1**
3	7	**6**	**2**	5	**1**	**9**	8	**4**
1	4	**8**	**3**	9	7	5	2	6
2	6	1	9	**3**	**4**	**8**	5	7
5	9	7	1	**8**	6	3	4	2
8	3	4	5	7	**2**	**6**	1	9

22

4	**3**	**2**	1	**9**	8	**5**	6	**7**
1	7	6	**3**	**2**	5	9	8	4
8	5	9	6	7	**4**	3	2	1
5	**1**	3	**9**	6	7	8	4	2
9	**6**	**4**	2	8	1	**7**	**3**	5
2	8	7	5	4	**3**	6	**1**	**9**
3	4	5	**8**	1	9	2	7	6
6	9	1	7	**3**	**2**	4	5	**8**
7	2	**8**	4	**5**	6	**1**	**9**	3

23

4	3	2	1	5	8	7	6	9
9	8	7	6	3	4	1	5	2
5	6	1	7	2	9	8	4	3
1	4	8	5	6	2	9	3	7
3	5	6	9	7	1	2	8	4
7	2	9	8	4	3	6	1	5
8	1	3	2	9	5	4	7	6
6	9	5	4	8	7	3	2	1
2	7	4	3	1	6	5	9	8

24

1	3	4	7	5	9	6	2	8
6	5	2	4	8	3	7	1	9
8	9	7	2	1	6	3	4	5
3	1	6	5	9	2	4	8	7
7	8	5	6	4	1	2	9	3
2	4	9	8	3	7	5	6	1
9	6	1	3	2	5	8	7	4
4	7	3	9	6	8	1	5	2
5	2	8	1	7	4	9	3	6

25

1	9	6	7	4	5	2	3	8
5	7	4	2	8	3	1	9	6
8	2	3	6	9	1	4	5	7
9	5	2	3	1	6	7	8	4
6	8	1	5	7	4	9	2	3
4	3	7	8	2	9	6	1	5
2	6	8	9	5	7	3	4	1
7	1	5	4	3	2	8	6	9
3	4	9	1	6	8	5	7	2

26

8	6	4	7	9	5	3	2	1
9	5	2	6	1	3	8	7	4
7	1	3	8	4	2	5	9	6
1	4	5	9	6	8	2	3	7
3	2	7	1	5	4	9	6	8
6	8	9	3	2	7	4	1	5
4	3	6	5	7	9	1	8	2
5	7	8	2	3	1	6	4	9
2	9	1	4	8	6	7	5	3

27

9	1	4	3	8	6	7	2	5
3	5	7	9	4	2	8	1	6
2	8	6	1	7	5	9	3	4
6	2	5	8	9	1	3	4	7
7	4	8	5	2	3	1	6	9
1	3	9	4	6	7	5	8	2
4	9	3	6	5	8	2	7	1
8	6	2	7	1	9	4	5	3
5	7	1	2	3	4	6	9	8

28

4	9	5	7	6	2	8	1	3
1	8	3	9	5	4	6	7	2
7	2	6	1	8	3	9	4	5
6	3	4	5	1	9	7	2	8
9	1	8	3	2	7	4	5	6
2	5	7	6	4	8	1	3	9
3	6	2	8	7	1	5	9	4
5	7	9	4	3	6	2	8	1
8	4	1	2	9	5	3	6	7

Su Doku

29

6	4	2	9	**7**	**3**	**5**	8	**1**
1	9	3	5	2	8	4	7	6
5	8	7	**1**	4	**6**	**3**	9	**2**
9	7	**8**	**4**	1	**2**	**6**	3	**5**
2	1	5	3	6	9	8	4	**7**
3	6	**4**	**8**	5	**7**	**2**	1	9
4	2	**6**	**7**	8	**1**	9	5	3
8	3	1	6	9	5	7	2	4
7	5	**9**	**2**	**3**	4	1	6	**8**

30

2	4	5	3	9	7	6	8	**1**
7	**6**	**1**	**4**	5	**8**	**3**	9	2
9	**3**	**8**	2	1	6	**5**	**7**	4
8	**7**	9	**1**	3	**2**	4	**5**	6
6	2	3	8	4	5	7	1	9
5	**1**	4	**6**	7	**9**	8	**2**	3
1	**8**	**7**	9	6	4	**2**	**3**	5
4	9	**2**	**5**	8	**3**	**1**	**6**	7
3	5	6	7	2	1	9	4	**8**

31

8	1	2	7	9	5	4	6	3
9	3	7	8	4	6	5	2	1
5	4	6	1	3	2	7	9	8
4	8	3	5	6	7	2	1	9
1	7	5	2	8	9	3	4	6
2	6	9	4	1	3	8	7	5
6	5	4	3	7	1	9	8	2
7	2	1	9	5	8	6	3	4
3	9	8	6	2	4	1	5	7

32

5	7	1	2	3	4	6	9	8
2	6	8	1	5	9	3	4	7
4	9	3	7	8	6	2	5	1
7	5	6	4	9	1	8	2	3
9	1	2	8	6	3	4	7	5
8	3	4	5	7	2	1	6	9
6	8	5	3	4	7	9	1	2
1	4	7	9	2	8	5	3	6
3	2	9	6	1	5	7	8	4

33

3	7	5	8	6	2	4	9	1
9	1	6	3	4	5	8	2	7
2	8	4	1	7	9	6	3	5
7	3	1	4	5	6	9	8	2
6	9	2	7	8	1	3	5	4
5	4	8	2	9	3	7	1	6
1	6	9	5	3	4	2	7	8
8	5	3	6	2	7	1	4	9
4	2	7	9	1	8	5	6	3

34

1	3	8	6	5	7	9	2	4
2	7	6	8	4	9	1	5	3
9	4	5	3	1	2	8	6	7
5	2	3	9	8	1	7	4	6
7	6	9	2	3	4	5	8	1
4	8	1	5	7	6	2	3	9
3	5	7	4	9	8	6	1	2
6	1	4	7	2	5	3	9	8
8	9	2	1	6	3	4	7	5

35

2	**3**	7	**1**	8	**5**	4	**9**	6
9	**5**	8	6	2	4	1	**7**	**3**
4	6	**1**	7	3	9	**2**	5	8
1	4	6	5	**7**	3	8	2	**9**
8	7	9	**2**	4	**1**	3	6	5
3	2	5	8	**9**	6	7	1	**4**
5	8	**2**	3	6	7	**9**	4	1
6	**9**	3	4	1	2	5	**8**	**7**
7	**1**	4	**9**	5	**8**	6	**3**	2

36

9	**1**	**7**	3	**6**	5	8	**4**	2
3	2	8	**9**	7	**4**	5	6	1
4	6	**5**	2	1	8	7	9	**3**
7	**3**	**9**	5	**8**	2	4	1	**6**
6	**8**	2	4	3	1	9	**5**	7
1	5	4	7	**9**	**6**	**2**	**3**	8
2	9	6	8	4	3	**1**	7	5
5	4	3	**1**	2	**7**	6	8	9
8	**7**	1	6	**5**	9	**3**	**2**	4

Su Doku

37

4	2	7	5	1	6	3	9	8
3	6	1	7	9	8	2	5	4
8	9	5	3	2	4	6	7	1
7	4	6	8	3	2	9	1	5
5	8	2	1	7	9	4	3	6
1	3	9	6	4	5	8	2	7
2	5	4	9	8	1	7	6	3
6	7	8	2	5	3	1	4	9
9	1	3	4	6	7	5	8	2

38

4	7	9	5	2	1	3	6	8
3	1	6	8	7	4	9	2	5
5	8	2	3	6	9	1	4	7
9	3	8	7	4	5	2	1	6
2	6	1	9	8	3	7	5	4
7	5	4	2	1	6	8	3	9
1	4	3	6	9	7	5	8	2
6	2	7	1	5	8	4	9	3
8	9	5	4	3	2	6	7	1

39

7	2	9	5	3	1	6	8	4
3	1	6	9	8	4	5	7	2
8	5	4	6	7	2	3	9	1
6	4	2	7	1	5	9	3	8
5	3	1	8	4	9	2	6	7
9	7	8	3	2	6	4	1	5
4	9	5	1	6	7	8	2	3
1	6	3	2	5	8	7	4	9
2	8	7	4	9	3	1	5	6

40

4	2	9	5	1	3	6	8	7
7	6	5	8	9	2	1	4	3
8	1	3	4	7	6	2	5	9
1	7	6	3	5	4	8	9	2
9	8	4	6	2	7	3	1	5
3	5	2	9	8	1	4	7	6
6	3	7	1	4	9	5	2	8
2	4	8	7	6	5	9	3	1
5	9	1	2	3	8	7	6	4

41

4	**8**	**2**	5	6	**7**	1	3	9
6	7	9	**1**	**3**	8	5	2	**4**
3	5	1	4	**9**	**2**	8	6	**7**
1	2	**8**	9	4	5	6	**7**	3
7	**9**	**6**	2	1	3	**4**	**5**	8
5	**4**	3	7	8	6	**2**	9	**1**
2	1	7	**3**	**5**	4	9	8	6
9	6	5	8	**7**	**1**	3	4	2
8	3	4	**6**	2	9	**7**	**1**	5

42

5	**3**	4	**2**	**9**	7	**1**	8	6
2	**1**	7	3	8	**6**	9	5	4
8	9	**6**	1	**5**	4	**7**	3	2
3	**7**	9	**8**	2	5	4	6	1
6	8	**5**	7	**4**	1	**3**	2	9
4	2	1	9	6	**3**	8	**7**	5
9	5	**8**	4	**7**	2	**6**	1	**3**
7	6	3	**5**	1	9	2	**4**	**8**
1	4	**2**	6	**3**	**8**	5	**9**	7

43

2	4	8	9	7	1	6	5	3
7	6	3	5	4	8	1	9	2
1	5	9	6	3	2	4	7	8
8	7	6	1	9	4	2	3	5
9	2	4	7	5	3	8	1	6
5	3	1	2	8	6	9	4	7
4	9	5	8	6	7	3	2	1
3	8	2	4	1	5	7	6	9
6	1	7	3	2	9	5	8	4

44

9	5	8	4	3	2	6	1	7
2	1	3	6	9	7	4	5	8
7	4	6	1	8	5	9	2	3
5	8	4	9	6	1	3	7	2
1	3	7	8	2	4	5	6	9
6	9	2	5	7	3	1	8	4
8	2	1	3	5	9	7	4	6
4	7	9	2	1	6	8	3	5
3	6	5	7	4	8	2	9	1

45

4	2	1	6	5	9	3	7	8
3	9	5	8	2	7	6	4	1
6	8	7	3	4	1	2	9	5
5	6	2	4	7	8	1	3	9
8	3	9	2	1	5	4	6	7
7	1	4	9	6	3	8	5	2
9	4	6	7	8	2	5	1	3
2	5	3	1	9	4	7	8	6
1	7	8	5	3	6	9	2	4

46

9	8	1	4	7	6	5	3	2
6	4	2	3	8	5	7	1	9
3	5	7	9	2	1	6	8	4
4	7	6	8	9	3	1	2	5
8	2	3	5	1	4	9	7	6
1	9	5	7	6	2	3	4	8
5	6	8	1	4	7	2	9	3
7	3	9	2	5	8	4	6	1
2	1	4	6	3	9	8	5	7

47

4	1	3	7	5	6	9	2	8
6	7	5	2	9	8	3	1	4
9	2	8	3	4	1	5	7	6
3	4	1	9	8	5	7	6	2
2	6	7	4	1	3	8	9	5
5	8	9	6	7	2	4	3	1
1	9	2	5	3	4	6	8	7
8	3	4	1	6	7	2	5	9
7	5	6	8	2	9	1	4	3

48

5	3	9	6	8	4	7	2	1
6	1	4	7	3	2	5	8	9
7	8	2	1	5	9	4	6	3
9	7	3	5	4	6	8	1	2
4	6	1	9	2	8	3	5	7
2	5	8	3	1	7	6	9	4
1	2	6	4	7	5	9	3	8
3	9	7	8	6	1	2	4	5
8	4	5	2	9	3	1	7	6

49

2	1	3	4	7	9	8	5	6
8	4	5	1	6	3	7	2	9
7	6	9	5	8	2	1	3	4
9	7	1	3	5	6	4	8	2
3	5	8	2	4	7	9	6	1
6	2	4	9	1	8	5	7	3
1	3	2	7	9	5	6	4	8
4	8	7	6	3	1	2	9	5
5	9	6	8	2	4	3	1	7

50

4	6	9	7	1	3	2	5	8
3	5	7	2	8	4	9	6	1
1	2	8	6	5	9	4	7	3
6	7	5	9	2	1	3	8	4
9	3	4	8	6	5	7	1	2
8	1	2	4	3	7	6	9	5
2	9	6	5	4	8	1	3	7
7	8	3	1	9	2	5	4	6
5	4	1	3	7	6	8	2	9

51

6	5	1	4	9	3	8	7	2
8	2	3	5	6	7	1	9	4
9	7	4	8	1	2	6	3	5
1	6	7	9	2	8	4	5	3
4	8	9	7	3	5	2	1	6
2	3	5	1	4	6	7	8	9
3	9	2	6	7	1	5	4	8
5	1	6	3	8	4	9	2	7
7	4	8	2	5	9	3	6	1

52

4	5	2	9	6	7	3	1	8
1	8	3	5	2	4	6	7	9
6	9	7	8	3	1	5	2	4
2	1	5	4	7	9	8	3	6
9	7	6	2	8	3	4	5	1
3	4	8	1	5	6	2	9	7
7	2	9	3	4	8	1	6	5
5	6	4	7	1	2	9	8	3
8	3	1	6	9	5	7	4	2

Su Doku

53

7	9	**4**	**6**	**3**	8	5	2	1
2	**5**	**1**	9	4	7	6	**8**	3
3	8	6	2	**1**	5	9	**7**	**4**
9	4	**8**	**1**	7	**3**	2	6	**5**
6	7	**3**	4	5	2	**1**	9	**8**
1	2	5	**8**	6	**9**	**4**	3	7
5	**3**	9	**7**	**2**	4	8	1	6
4	**6**	2	3	8	1	**7**	**5**	9
8	1	7	5	**9**	**6**	**3**	4	2

54

1	5	2	**7**	6	8	**9**	**3**	**4**
3	9	**8**	5	4	1	7	6	2
6	7	4	**2**	9	3	5	**1**	8
7	3	6	1	**5**	4	**2**	8	**9**
9	8	5	**3**	7	**2**	1	4	6
4	2	**1**	6	**8**	9	3	5	7
5	**4**	7	9	3	**6**	8	2	**1**
8	1	3	4	2	7	**6**	9	**5**
2	**6**	**9**	8	1	5	4	7	**3**

55

5	1	3	4	6	8	7	9	2
6	9	8	1	7	2	4	3	5
7	4	2	9	5	3	1	8	6
9	7	1	2	3	4	6	5	8
8	3	6	7	9	5	2	1	4
4	2	5	8	1	6	3	7	9
3	5	7	6	4	9	8	2	1
2	6	9	3	8	1	5	4	7
1	8	4	5	2	7	9	6	3

56

4	2	1	7	5	6	9	8	3
7	8	5	1	3	9	4	6	2
9	3	6	4	8	2	5	1	7
8	6	2	5	7	1	3	4	9
3	7	9	2	6	4	8	5	1
5	1	4	8	9	3	7	2	6
6	5	8	9	2	7	1	3	4
1	9	3	6	4	5	2	7	8
2	4	7	3	1	8	6	9	5

Su Doku

57

5	3	8	1	6	2	7	4	9
6	1	9	5	4	7	2	3	8
7	2	4	8	3	9	6	1	5
1	5	7	3	2	8	9	6	4
3	8	2	4	9	6	5	7	1
9	4	6	7	1	5	3	8	2
2	9	1	6	7	4	8	5	3
8	6	3	9	5	1	4	2	7
4	7	5	2	8	3	1	9	6

58

3	8	9	6	1	5	7	2	4
4	6	5	3	2	7	9	1	8
7	1	2	4	8	9	5	6	3
2	4	3	7	9	8	1	5	6
6	9	8	5	3	1	4	7	2
5	7	1	2	6	4	3	8	9
9	5	4	8	7	2	6	3	1
8	3	7	1	4	6	2	9	5
1	2	6	9	5	3	8	4	7

59

8	1	7	4	2	6	5	3	9
2	5	9	1	3	8	7	6	4
3	6	4	5	9	7	2	8	1
1	4	8	2	5	9	3	7	6
9	2	3	7	6	4	1	5	8
5	7	6	8	1	3	9	4	2
7	9	5	6	4	2	8	1	3
6	3	1	9	8	5	4	2	7
4	8	2	3	7	1	6	9	5

60

9	4	7	6	8	1	5	2	3
5	2	3	4	9	7	6	1	8
6	8	1	3	5	2	9	7	4
2	6	8	1	7	4	3	9	5
3	7	9	2	6	5	4	8	1
1	5	4	9	3	8	7	6	2
7	1	5	8	4	6	2	3	9
8	9	6	5	2	3	1	4	7
4	3	2	7	1	9	8	5	6

61

7	4	5	**1**	**8**	2	**3**	9	6
1	3	6	4	**5**	9	**7**	**2**	**8**
8	2	9	6	3	**7**	**5**	1	4
6	**9**	7	8	1	**3**	**2**	**4**	5
3	5	8	**2**	4	**6**	1	7	9
2	**1**	**4**	7	9	5	6	**8**	3
9	8	**2**	5	6	1	4	3	7
4	**6**	**1**	3	**7**	8	9	5	2
5	7	**3**	9	**2**	**4**	8	6	1

62

1	8	6	9	7	5	2	3	4
2	**4**	**9**	6	3	8	**5**	**7**	1
3	7	**5**	**1**	4	**2**	**9**	6	**8**
9	5	7	2	1	6	8	4	**3**
6	3	4	**7**	**8**	**9**	1	5	**2**
8	2	1	4	5	3	7	9	**6**
7	1	**2**	5	6	**4**	**3**	8	**9**
5	**6**	**3**	8	9	1	**4**	**2**	7
4	9	8	3	2	7	6	1	5

63

4	6	9	5	3	7	2	1	8
2	5	3	6	1	8	4	7	9
7	8	1	2	4	9	5	3	6
3	4	2	9	5	1	6	8	7
6	1	7	8	2	4	9	5	3
5	9	8	3	7	6	1	2	4
8	2	6	1	9	3	7	4	5
1	3	4	7	6	5	8	9	2
9	7	5	4	8	2	3	6	1

64

4	3	6	8	9	7	5	1	2
1	2	5	4	6	3	9	7	8
8	9	7	5	2	1	6	3	4
2	5	4	9	3	6	7	8	1
6	1	9	2	7	8	3	4	5
7	8	3	1	5	4	2	6	9
9	6	1	7	4	5	8	2	3
5	7	8	3	1	2	4	9	6
3	4	2	6	8	9	1	5	7

65

3	5	**8**	1	9	7	**6**	2	4
9	**4**	2	8	3	6	1	**5**	**7**
6	**1**	7	**2**	4	**5**	3	**9**	8
4	3	5	**9**	1	**8**	7	6	**2**
2	9	1	7	**6**	3	8	4	5
8	7	6	**5**	2	**4**	9	3	**1**
5	**8**	4	**3**	7	**9**	2	**1**	6
7	**2**	3	6	5	1	4	**8**	**9**
1	6	**9**	4	8	2	**5**	7	3

66

5	7	9	1	8	6	3	4	**2**
3	4	6	**9**	**7**	2	**8**	1	5
1	**2**	8	4	**3**	5	7	9	6
2	6	**3**	5	**4**	7	1	**8**	9
4	**8**	**1**	**2**	6	9	**5**	**7**	3
7	**9**	5	3	**1**	8	**6**	2	4
8	5	4	**6**	**9**	1	2	**3**	7
9	1	**2**	7	**5**	**3**	4	6	8
6	3	7	8	2	4	9	5	**1**

67

3	4	2	7	8	**1**	**9**	5	6
9	**7**	**5**	**3**	2	6	1	**8**	4
6	**1**	8	4	5	**9**	3	7	**2**
4	**3**	7	2	1	5	**6**	9	**8**
8	9	1	6	**7**	4	5	2	3
2	5	**6**	8	9	3	7	**4**	1
7	6	3	**9**	4	8	2	**1**	5
1	**8**	9	5	3	**2**	**4**	**6**	7
5	2	**4**	**1**	6	7	8	3	9

68

9	**1**	2	**6**	**3**	5	4	7	**8**
5	3	6	**4**	8	7	1	9	**2**
4	7	**8**	**9**	2	1	**6**	5	3
2	6	4	3	7	9	**8**	**1**	**5**
7	8	3	1	5	6	9	2	**4**
1	**9**	**5**	2	4	8	3	6	7
6	4	**7**	5	9	**3**	**2**	8	1
8	2	9	7	1	**4**	5	3	6
3	5	1	8	**6**	**2**	7	**4**	**9**

Su Doku

69

2	1	6	3	7	4	9	5	8
4	9	3	2	5	8	7	1	6
5	8	7	9	1	6	2	3	4
7	2	4	5	3	9	6	8	1
6	5	8	4	2	1	3	9	7
1	3	9	8	6	7	4	2	5
3	7	2	6	8	5	1	4	9
8	4	1	7	9	2	5	6	3
9	6	5	1	4	3	8	7	2

70

8	6	3	9	1	4	2	5	7
4	7	1	2	6	5	9	8	3
9	5	2	8	3	7	6	1	4
6	9	8	7	5	3	1	4	2
3	4	7	6	2	1	5	9	8
2	1	5	4	9	8	3	7	6
5	8	6	3	4	9	7	2	1
1	2	4	5	7	6	8	3	9
7	3	9	1	8	2	4	6	5

Solutions

71

7	2	9	4	5	8	3	1	6
4	5	8	3	6	1	2	7	9
1	6	3	7	9	2	5	4	8
6	7	4	2	1	9	8	3	5
2	3	1	5	8	7	6	9	4
8	9	5	6	4	3	1	2	7
5	1	7	8	2	4	9	6	3
3	8	2	9	7	6	4	5	1
9	4	6	1	3	5	7	8	2

72

4	2	8	1	3	7	6	5	9
6	3	5	9	8	2	4	7	1
7	1	9	4	5	6	3	8	2
3	5	2	6	9	1	8	4	7
1	4	6	3	7	8	9	2	5
9	8	7	5	2	4	1	3	6
2	7	4	8	6	9	5	1	3
8	6	3	7	1	5	2	9	4
5	9	1	2	4	3	7	6	8

73

8	**7**	3	2	9	5	6	4	**1**
2	**5**	**6**	1	**7**	4	9	**3**	**8**
1	9	4	8	6	**3**	2	**5**	7
7	4	**9**	3	**8**	1	5	6	2
6	**1**	8	**5**	2	**9**	3	**7**	4
5	3	2	6	**4**	7	**1**	8	9
9	**6**	7	**4**	3	2	8	1	5
3	**2**	5	7	**1**	8	**4**	**9**	6
4	8	1	9	5	6	7	**2**	**3**

74

4	**5**	8	7	**1**	3	2	6	9
1	**3**	7	**2**	9	**6**	**5**	**8**	**4**
9	**2**	6	5	4	**8**	1	7	3
2	**9**	**1**	8	7	5	4	**3**	6
6	7	4	3	**2**	1	9	5	**8**
3	**8**	5	4	6	9	**7**	**2**	1
5	4	9	**6**	3	7	8	**1**	2
7	**1**	**3**	**9**	8	**2**	6	**4**	5
8	6	2	1	**5**	4	3	**9**	7

75

3	1	5	9	6	7	4	8	2
4	6	7	5	2	8	3	1	9
8	9	2	1	4	3	5	7	6
2	5	3	6	8	1	9	4	7
7	8	9	4	3	2	6	5	1
1	4	6	7	5	9	8	2	3
5	7	4	2	9	6	1	3	8
9	2	8	3	1	5	7	6	4
6	3	1	8	7	4	2	9	5

76

9	5	4	8	6	3	7	1	2
6	3	1	7	4	2	8	5	9
2	8	7	1	9	5	4	3	6
8	9	5	6	2	1	3	7	4
4	2	3	9	8	7	5	6	1
7	1	6	3	5	4	9	2	8
3	4	2	5	1	9	6	8	7
1	7	8	4	3	6	2	9	5
5	6	9	2	7	8	1	4	3

Su Doku

77

4	1	8	9	3	6	7	5	2
3	9	6	7	5	2	1	8	4
7	2	5	8	4	1	9	3	6
5	4	2	3	8	7	6	1	9
1	3	9	4	6	5	2	7	8
6	8	7	1	2	9	3	4	5
9	6	3	5	7	4	8	2	1
8	5	1	2	9	3	4	6	7
2	7	4	6	1	8	5	9	3

78

5	9	6	1	2	3	7	8	4
8	4	7	5	9	6	1	3	2
2	1	3	4	8	7	5	9	6
1	2	4	3	7	8	6	5	9
6	5	8	2	4	9	3	7	1
3	7	9	6	5	1	4	2	8
9	6	1	8	3	5	2	4	7
7	3	2	9	6	4	8	1	5
4	8	5	7	1	2	9	6	3

79

6	4	9	2	5	7	1	8	3
2	5	1	8	6	3	7	9	4
8	3	7	9	1	4	2	6	5
1	2	4	5	8	9	6	3	7
9	7	8	3	2	6	4	5	1
5	6	3	4	7	1	8	2	9
3	1	2	6	4	5	9	7	8
7	8	5	1	9	2	3	4	6
4	9	6	7	3	8	5	1	2

80

2	7	4	9	3	5	6	8	1
1	5	9	7	6	8	3	4	2
8	6	3	2	4	1	5	9	7
5	8	7	1	2	9	4	6	3
9	2	6	4	7	3	8	1	5
3	4	1	5	8	6	2	7	9
6	1	5	8	9	2	7	3	4
4	3	2	6	1	7	9	5	8
7	9	8	3	5	4	1	2	6

81

2	1	**3**	**8**	7	9	6	5	4
5	4	7	1	3	6	**8**	9	2
6	**9**	8	2	5	4	1	**7**	3
8	**5**	6	**9**	**2**	7	3	4	**1**
7	2	**9**	4	**1**	3	**5**	6	**8**
4	3	1	6	**8**	**5**	9	**2**	7
3	**8**	5	7	9	2	4	**1**	**6**
1	7	**4**	5	6	8	2	3	9
9	6	2	3	4	**1**	**7**	8	**5**

82

5	**8**	**2**	**1**	**6**	3	7	**4**	9
3	4	9	7	5	8	**1**	2	6
7	**1**	**6**	9	4	**2**	**8**	5	3
8	**9**	3	**6**	2	5	4	1	7
1	2	4	**3**	9	**7**	6	8	**5**
6	7	5	8	1	**4**	3	**9**	2
2	5	**7**	**4**	3	1	**9**	**6**	8
9	3	**1**	5	8	6	2	7	4
4	**6**	8	2	**7**	**9**	**5**	**3**	1

83

4	5	9	6	8	7	2	1	3
3	6	2	9	1	5	7	8	4
7	1	8	3	2	4	9	5	6
1	2	4	5	9	8	3	6	7
5	7	3	2	6	1	8	4	9
8	9	6	4	7	3	5	2	1
9	8	1	7	4	2	6	3	5
6	4	5	8	3	9	1	7	2
2	3	7	1	5	6	4	9	8

84

5	1	9	6	2	7	4	3	8
2	7	8	3	1	4	9	6	5
4	6	3	9	5	8	1	7	2
6	2	1	5	4	3	8	9	7
7	8	5	2	9	1	6	4	3
3	9	4	7	8	6	5	2	1
9	5	6	1	3	2	7	8	4
8	3	7	4	6	5	2	1	9
1	4	2	8	7	9	3	5	6

85

7	4	1	2	5	8	3	6	9
2	6	5	3	9	1	7	8	4
9	8	3	6	7	4	1	5	2
6	2	4	7	3	9	5	1	8
1	7	8	4	2	5	9	3	6
5	3	9	8	1	6	2	4	7
8	1	2	9	6	3	4	7	5
4	5	7	1	8	2	6	9	3
3	9	6	5	4	7	8	2	1

86

2	6	5	7	9	1	4	3	8
8	9	4	3	5	6	7	1	2
1	3	7	8	4	2	5	9	6
3	8	2	6	7	4	1	5	9
9	7	1	5	2	3	8	6	4
4	5	6	1	8	9	2	7	3
6	1	8	2	3	5	9	4	7
7	4	3	9	1	8	6	2	5
5	2	9	4	6	7	3	8	1

87

8	6	4	7	1	9	3	2	5
3	2	5	6	4	8	7	1	9
1	7	9	3	2	5	4	8	6
2	3	6	4	7	1	5	9	8
5	8	1	9	6	3	2	7	4
4	9	7	8	5	2	1	6	3
7	4	8	1	3	6	9	5	2
6	1	2	5	9	4	8	3	7
9	5	3	2	8	7	6	4	1

88

3	8	7	4	6	2	9	5	1
9	1	5	3	7	8	2	4	6
2	4	6	9	5	1	7	8	3
8	3	4	2	9	7	1	6	5
5	6	9	1	3	4	8	2	7
7	2	1	6	8	5	3	9	4
4	9	3	8	1	6	5	7	2
1	7	2	5	4	9	6	3	8
6	5	8	7	2	3	4	1	9

Su Doku

89

5	6	4	9	2	1	7	3	8
1	8	9	4	3	7	6	2	5
2	3	7	6	8	5	9	1	4
6	2	5	8	7	4	3	9	1
3	4	8	1	6	9	5	7	2
9	7	1	2	5	3	4	8	6
7	5	2	3	1	6	8	4	9
4	1	3	5	9	8	2	6	7
8	9	6	7	4	2	1	5	3

90

5	2	9	1	6	8	3	7	4
6	1	7	2	4	3	9	8	5
4	8	3	7	5	9	1	2	6
1	9	2	3	7	6	5	4	8
7	5	4	8	2	1	6	3	9
3	6	8	5	9	4	7	1	2
2	4	1	6	3	5	8	9	7
8	7	5	9	1	2	4	6	3
9	3	6	4	8	7	2	5	1

91

4	3	5	9	7	6	1	2	8
2	1	9	8	3	4	6	7	5
8	6	7	1	2	5	9	4	3
3	7	4	5	8	1	2	9	6
5	8	6	7	9	2	4	3	1
1	9	2	4	6	3	5	8	7
9	5	3	2	1	8	7	6	4
7	4	8	6	5	9	3	1	2
6	2	1	3	4	7	8	5	9

92

4	8	5	6	2	7	9	1	3
9	6	2	5	3	1	7	4	8
7	3	1	8	4	9	5	2	6
8	5	9	7	6	2	4	3	1
6	1	3	4	5	8	2	9	7
2	7	4	9	1	3	8	6	5
3	9	6	2	8	5	1	7	4
5	4	7	1	9	6	3	8	2
1	2	8	3	7	4	6	5	9

93

2	8	5	7	1	4	9	6	3
3	1	4	5	6	9	7	8	2
6	9	7	3	8	2	1	4	5
4	5	1	8	9	6	2	3	7
7	2	8	1	5	3	4	9	6
9	6	3	2	4	7	5	1	8
1	7	2	4	3	8	6	5	9
5	3	9	6	2	1	8	7	4
8	4	6	9	7	5	3	2	1

94

6	7	9	3	1	8	4	5	2
1	2	5	4	9	7	3	6	8
4	8	3	2	5	6	7	9	1
5	6	7	8	2	3	9	1	4
2	3	1	9	4	5	8	7	6
9	4	8	6	7	1	2	3	5
3	1	2	5	8	9	6	4	7
7	9	4	1	6	2	5	8	3
8	5	6	7	3	4	1	2	9

95

6	5	8	1	**4**	7	**2**	3	9
4	**2**	7	8	9	**3**	**5**	**1**	6
9	**3**	1	5	**6**	2	4	7	8
8	**7**	5	**4**	1	**6**	9	2	3
3	9	**6**	2	**7**	8	**1**	5	**4**
1	4	2	**9**	3	**5**	8	**6**	7
5	1	3	6	**8**	4	7	**9**	**2**
7	**8**	**9**	**3**	2	1	6	**4**	5
2	6	**4**	7	**5**	9	3	8	1

96

6	4	**5**	**7**	2	3	9	**1**	8
1	7	**8**	**4**	5	9	2	3	6
2	9	3	8	6	1	5	**4**	7
3	5	7	**6**	4	**2**	8	**9**	1
9	8	1	3	7	5	4	6	2
4	**6**	2	**1**	9	**8**	7	5	3
8	**2**	4	9	3	6	1	7	5
7	1	6	5	8	**4**	**3**	2	**9**
5	**3**	9	2	1	**7**	**6**	8	**4**

Su Doku

97

3	2	6	5	4	9	8	7	1
4	5	1	3	7	8	6	9	2
9	7	8	2	6	1	4	5	3
8	6	3	4	2	5	9	1	7
2	9	7	1	8	6	3	4	5
1	4	5	9	3	7	2	8	6
7	8	9	6	1	3	5	2	4
6	1	2	8	5	4	7	3	9
5	3	4	7	9	2	1	6	8

98

5	1	9	3	8	7	2	4	6
8	3	6	9	4	2	1	7	5
2	4	7	5	6	1	3	8	9
7	6	5	8	1	3	9	2	4
1	9	3	4	2	6	8	5	7
4	8	2	7	5	9	6	1	3
6	5	8	2	9	4	7	3	1
3	2	1	6	7	5	4	9	8
9	7	4	1	3	8	5	6	2

99

7	3	2	6	5	1	9	4	8
8	4	1	7	9	2	5	6	3
6	9	5	3	4	8	1	7	2
9	6	7	4	1	3	8	2	5
4	2	3	5	8	6	7	9	1
5	1	8	2	7	9	4	3	6
3	8	4	9	6	5	2	1	7
1	7	6	8	2	4	3	5	9
2	5	9	1	3	7	6	8	4

100

3	5	4	9	1	6	2	7	8
6	2	7	5	8	3	9	4	1
9	1	8	2	4	7	6	3	5
4	9	6	8	2	5	3	1	7
5	7	1	3	9	4	8	2	6
2	8	3	7	6	1	5	9	4
8	3	5	4	7	2	1	6	9
1	4	2	6	5	9	7	8	3
7	6	9	1	3	8	4	5	2

101

2	7	**1**	9	**3**	**8**	5	4	6
6	**9**	**8**	4	**1**	5	2	**3**	7
3	4	5	7	6	**2**	1	**9**	**8**
7	2	**4**	8	9	1	6	5	3
5	**8**	9	3	4	6	7	**1**	**2**
1	3	6	2	5	7	**4**	8	**9**
4	**6**	2	**5**	8	3	9	7	1
8	**5**	7	1	**2**	9	**3**	**6**	**4**
9	1	3	**6**	**7**	4	**8**	2	5

102

7	1	3	9	6	**8**	2	**4**	**5**
2	8	9	**3**	5	4	7	**6**	**1**
4	5	6	**7**	**1**	2	8	3	9
1	**3**	5	2	7	9	**6**	8	4
6	2	**7**	**4**	8	**1**	**9**	5	3
9	4	**8**	6	3	5	1	**7**	2
8	9	4	5	**2**	**7**	3	1	6
3	**7**	2	1	4	**6**	5	9	**8**
5	**6**	1	**8**	9	3	4	2	7

103

5	2	6	7	1	3	9	4	8
1	8	9	6	4	5	2	3	7
3	4	7	2	8	9	1	5	6
4	1	8	5	6	7	3	2	9
6	3	2	8	9	4	7	1	5
9	7	5	3	2	1	8	6	4
2	5	3	9	7	6	4	8	1
8	9	4	1	5	2	6	7	3
7	6	1	4	3	8	5	9	2

104

7	1	5	3	4	9	2	8	6
8	6	3	5	7	2	9	4	1
2	4	9	6	1	8	7	3	5
4	9	2	7	5	3	6	1	8
6	3	1	9	8	4	5	7	2
5	8	7	1	2	6	4	9	3
1	7	8	2	9	5	3	6	4
9	2	6	4	3	1	8	5	7
3	5	4	8	6	7	1	2	9

105

9	2	8	6	7	3	1	5	4
1	6	3	2	4	5	9	7	8
5	4	7	1	9	8	3	6	2
8	5	9	4	1	2	7	3	6
6	7	2	5	3	9	8	4	1
4	3	1	8	6	7	5	2	9
7	8	4	3	2	1	6	9	5
3	1	6	9	5	4	2	8	7
2	9	5	7	8	6	4	1	3

106

5	1	9	3	7	6	4	2	8
2	6	8	1	5	4	7	3	9
4	7	3	9	2	8	6	5	1
8	5	2	7	1	9	3	6	4
7	3	4	6	8	5	9	1	2
6	9	1	4	3	2	8	7	5
3	8	6	2	9	1	5	4	7
1	4	5	8	6	7	2	9	3
9	2	7	5	4	3	1	8	6

107

6	7	5	3	8	9	4	2	1
3	2	8	4	5	1	9	6	7
4	9	1	2	6	7	5	3	8
9	3	6	7	1	5	8	4	2
2	5	7	8	9	4	6	1	3
1	8	4	6	3	2	7	9	5
5	4	9	1	7	3	2	8	6
7	6	3	9	2	8	1	5	4
8	1	2	5	4	6	3	7	9

108

4	9	6	7	3	5	2	1	8
8	3	2	1	9	6	7	5	4
1	7	5	8	2	4	9	3	6
7	2	1	3	6	9	4	8	5
5	8	3	2	4	1	6	9	7
6	4	9	5	8	7	3	2	1
2	6	8	4	1	3	5	7	9
3	5	4	9	7	8	1	6	2
9	1	7	6	5	2	8	4	3

109

3	2	6	8	9	4	1	7	5
8	4	1	2	5	7	9	3	6
5	9	7	3	6	1	8	4	2
2	8	4	9	1	6	7	5	3
1	7	5	4	3	2	6	9	8
6	3	9	7	8	5	2	1	4
9	5	2	1	4	8	3	6	7
7	6	3	5	2	9	4	8	1
4	1	8	6	7	3	5	2	9

110

4	1	2	3	8	5	6	7	9
7	9	8	4	1	6	3	5	2
3	5	6	9	7	2	1	8	4
1	4	5	2	6	7	9	3	8
6	2	9	8	5	3	7	4	1
8	7	3	1	4	9	5	2	6
9	3	4	7	2	1	8	6	5
5	8	1	6	3	4	2	9	7
2	6	7	5	9	8	4	1	3

111

8	9	3	7	4	2	5	1	6
7	5	6	8	3	1	4	2	9
2	1	4	9	6	5	3	8	7
6	4	5	1	8	9	2	7	3
3	7	8	5	2	6	9	4	1
1	2	9	3	7	4	8	6	5
5	8	1	2	9	7	6	3	4
9	6	2	4	1	3	7	5	8
4	3	7	6	5	8	1	9	2

112

4	3	6	9	7	5	8	2	1
1	5	9	6	2	8	7	3	4
8	7	2	4	3	1	5	9	6
6	9	4	3	5	7	1	8	2
5	8	1	2	6	4	3	7	9
3	2	7	1	8	9	6	4	5
7	4	5	8	1	2	9	6	3
2	1	3	7	9	6	4	5	8
9	6	8	5	4	3	2	1	7

Su Doku

113

4	1	2	8	6	3	9	7	5
6	3	7	9	2	5	1	8	4
8	9	5	4	1	7	6	2	3
1	5	4	3	8	2	7	9	6
3	8	9	7	5	6	4	1	2
7	2	6	1	4	9	3	5	8
2	6	1	5	9	4	8	3	7
5	7	8	6	3	1	2	4	9
9	4	3	2	7	8	5	6	1

114

3	8	6	7	4	1	2	9	5
4	2	9	5	8	3	6	1	7
7	5	1	2	9	6	8	3	4
9	1	2	8	3	4	7	5	6
8	7	4	9	6	5	1	2	3
6	3	5	1	2	7	4	8	9
5	9	7	6	1	2	3	4	8
1	4	8	3	7	9	5	6	2
2	6	3	4	5	8	9	7	1

115

5	1	6	8	3	7	9	4	2
4	2	8	6	9	5	7	1	3
3	9	7	4	2	1	5	8	6
7	4	9	5	1	2	3	6	8
2	3	5	7	6	8	1	9	4
6	8	1	3	4	9	2	7	5
8	5	4	1	7	3	6	2	9
9	7	3	2	8	6	4	5	1
1	6	2	9	5	4	8	3	7

116

3	8	1	9	2	4	5	6	7
7	5	4	6	8	3	1	9	2
6	2	9	1	7	5	4	3	8
2	6	3	7	4	8	9	5	1
4	9	5	2	1	6	8	7	3
1	7	8	5	3	9	6	2	4
5	3	2	8	9	1	7	4	6
9	1	7	4	6	2	3	8	5
8	4	6	3	5	7	2	1	9

117

2	8	7	6	1	5	4	9	3
9	1	3	2	7	4	6	5	8
6	5	4	9	8	3	2	7	1
8	4	9	7	2	6	1	3	5
5	2	1	8	3	9	7	4	6
7	3	6	4	5	1	8	2	9
4	9	2	5	6	8	3	1	7
3	7	8	1	9	2	5	6	4
1	6	5	3	4	7	9	8	2

118

8	1	4	9	2	3	7	5	6
3	5	9	8	6	7	1	2	4
2	7	6	1	5	4	3	8	9
5	3	2	6	1	9	4	7	8
9	6	1	4	7	8	5	3	2
4	8	7	5	3	2	9	6	1
7	4	8	2	9	5	6	1	3
1	2	5	3	4	6	8	9	7
6	9	3	7	8	1	2	4	5

119

2	3	5	8	7	6	4	1	9
7	8	1	4	5	9	2	6	3
6	9	4	3	2	1	7	8	5
5	2	8	7	3	4	6	9	1
1	6	3	2	9	5	8	4	7
4	7	9	1	6	8	5	3	2
9	5	7	6	8	3	1	2	4
8	4	2	9	1	7	3	5	6
3	1	6	5	4	2	9	7	8

120

6	1	3	4	5	9	7	2	8
4	8	9	6	2	7	5	1	3
5	7	2	3	8	1	4	9	6
8	3	6	1	7	2	9	4	5
9	4	1	5	6	3	2	8	7
2	5	7	8	9	4	3	6	1
7	6	4	2	1	5	8	3	9
1	2	5	9	3	8	6	7	4
3	9	8	7	4	6	1	5	2

121

4	9	2	3	1	8	6	5	7
6	5	7	2	9	4	3	8	1
8	1	3	6	7	5	9	4	2
1	7	4	9	8	6	5	2	3
5	2	9	4	3	1	7	6	8
3	8	6	7	5	2	4	1	9
2	3	5	8	4	9	1	7	6
9	4	8	1	6	7	2	3	5
7	6	1	5	2	3	8	9	4

122

9	5	1	3	7	4	8	6	2
8	7	6	5	2	1	4	9	3
2	3	4	6	9	8	7	5	1
1	4	8	9	3	6	2	7	5
7	9	3	2	8	5	6	1	4
6	2	5	4	1	7	9	3	8
3	6	7	8	5	2	1	4	9
4	8	9	1	6	3	5	2	7
5	1	2	7	4	9	3	8	6

123

8	5	1	6	7	3	4	9	2
2	7	9	8	1	4	3	6	5
4	3	6	2	5	9	8	7	1
7	9	8	1	3	6	5	2	4
1	4	2	9	8	5	6	3	7
3	6	5	7	4	2	9	1	8
9	8	7	5	6	1	2	4	3
5	2	3	4	9	7	1	8	6
6	1	4	3	2	8	7	5	9

124

2	3	1	6	7	8	4	9	5
4	6	7	2	5	9	3	8	1
8	9	5	4	3	1	6	7	2
5	4	2	1	9	3	7	6	8
9	7	6	5	8	2	1	3	4
1	8	3	7	6	4	5	2	9
7	2	4	8	1	6	9	5	3
3	5	8	9	4	7	2	1	6
6	1	9	3	2	5	8	4	7

125

6	8	**3**	2	**7**	1	**5**	9	4
7	9	2	**4**	**8**	**5**	1	6	3
1	**4**	5	3	9	6	2	**7**	**8**
3	**6**	**8**	5	1	2	**9**	**4**	**7**
4	5	9	7	6	3	8	2	1
2	**7**	**1**	9	4	8	**3**	**5**	**6**
9	**1**	7	8	5	4	6	**3**	**2**
5	2	6	**1**	**3**	**7**	4	8	9
8	3	**4**	6	**2**	9	**7**	1	5

126

3	**9**	**4**	**5**	**1**	2	8	7	**6**
5	2	8	3	6	**7**	**4**	1	**9**
1	6	7	9	4	**8**	2	5	3
8	3	5	7	2	9	**6**	4	**1**
9	**4**	**2**	6	8	1	**5**	**3**	7
7	1	**6**	4	3	5	9	2	8
6	8	3	**2**	7	4	1	9	5
2	5	**1**	**8**	9	3	7	6	**4**
4	7	9	1	**5**	**6**	**3**	**8**	2

127

9	8	3	1	7	6	2	4	5
7	1	5	4	2	9	8	3	6
6	4	2	8	3	5	1	7	9
1	7	8	9	6	3	4	5	2
5	3	6	2	4	7	9	1	8
2	9	4	5	8	1	7	6	3
3	6	1	7	9	8	5	2	4
4	5	9	6	1	2	3	8	7
8	2	7	3	5	4	6	9	1

128

2	7	4	9	8	6	1	5	3
3	5	1	2	7	4	9	6	8
9	8	6	3	1	5	4	2	7
1	9	5	6	3	8	2	7	4
6	3	2	5	4	7	8	1	9
8	4	7	1	9	2	6	3	5
7	1	9	8	2	3	5	4	6
4	6	8	7	5	1	3	9	2
5	2	3	4	6	9	7	8	1

Su Doku

129

5	8	3	6	7	1	2	4	9
7	6	2	8	4	9	1	5	3
1	4	9	5	2	3	6	7	8
2	7	1	4	6	8	9	3	5
4	9	5	7	3	2	8	6	1
6	3	8	1	9	5	4	2	7
8	1	4	2	5	7	3	9	6
3	5	6	9	8	4	7	1	2
9	2	7	3	1	6	5	8	4

130

5	2	3	9	6	7	4	8	1
8	6	9	2	4	1	7	5	3
1	7	4	8	5	3	2	6	9
9	4	7	5	3	2	8	1	6
2	5	6	1	9	8	3	7	4
3	8	1	4	7	6	9	2	5
7	9	5	6	8	4	1	3	2
4	1	8	3	2	5	6	9	7
6	3	2	7	1	9	5	4	8

131

7	1	6	3	9	2	4	5	8
2	5	8	4	1	7	9	3	6
3	9	4	8	5	6	7	1	2
8	2	1	5	4	9	6	7	3
9	6	3	1	7	8	5	2	4
5	4	7	6	2	3	8	9	1
4	3	9	2	6	5	1	8	7
6	8	5	7	3	1	2	4	9
1	7	2	9	8	4	3	6	5

132

3	4	5	2	7	6	1	8	9
8	9	7	4	3	1	2	6	5
2	1	6	9	8	5	7	4	3
4	6	3	5	1	8	9	7	2
1	7	9	6	2	3	4	5	8
5	2	8	7	4	9	6	3	1
9	5	1	8	6	7	3	2	4
6	8	4	3	9	2	5	1	7
7	3	2	1	5	4	8	9	6

Su Doku

133

1	3	6	7	5	8	4	9	2
7	5	4	3	9	2	8	1	6
9	2	8	1	6	4	3	7	5
2	1	5	8	3	7	9	6	4
3	6	9	2	4	5	1	8	7
4	8	7	9	1	6	5	2	3
6	7	3	5	8	1	2	4	9
8	9	2	4	7	3	6	5	1
5	4	1	6	2	9	7	3	8

134

6	8	3	4	1	5	2	7	9
5	7	2	8	3	9	4	1	6
9	1	4	6	7	2	5	3	8
3	9	5	1	4	7	8	6	2
1	2	6	9	5	8	3	4	7
7	4	8	2	6	3	9	5	1
2	6	1	5	8	4	7	9	3
4	3	9	7	2	1	6	8	5
8	5	7	3	9	6	1	2	4

135

4	3	1	7	5	9	2	8	6
2	9	7	1	6	8	5	4	3
6	8	5	2	4	3	7	9	1
1	2	6	3	8	7	9	5	4
5	4	8	9	2	6	3	1	7
3	7	9	5	1	4	6	2	8
7	1	3	8	9	5	4	6	2
8	5	4	6	7	2	1	3	9
9	6	2	4	3	1	8	7	5

136

1	2	4	3	5	9	7	6	8
6	3	5	7	8	1	2	4	9
7	8	9	2	4	6	3	1	5
4	9	7	6	1	5	8	3	2
2	1	3	8	9	7	6	5	4
8	5	6	4	3	2	1	9	7
3	7	8	9	6	4	5	2	1
5	4	2	1	7	3	9	8	6
9	6	1	5	2	8	4	7	3

137

4	7	1	2	6	8	5	3	9
6	5	3	7	4	9	2	8	1
9	8	2	1	3	5	6	4	7
1	3	9	5	7	2	8	6	4
7	6	4	9	8	3	1	5	2
5	2	8	6	1	4	9	7	3
3	1	6	8	2	7	4	9	5
8	9	7	4	5	1	3	2	6
2	4	5	3	9	6	7	1	8

138

5	7	4	9	8	2	3	6	1
2	9	3	6	7	1	4	8	5
8	1	6	5	3	4	9	7	2
9	3	8	1	4	6	2	5	7
7	4	2	8	5	3	6	1	9
6	5	1	7	2	9	8	4	3
3	8	5	4	9	7	1	2	6
4	6	9	2	1	5	7	3	8
1	2	7	3	6	8	5	9	4

139

6	7	2	3	1	9	8	5	4
4	3	8	2	7	5	9	1	6
9	1	5	6	4	8	7	2	3
7	5	3	9	2	1	4	6	8
8	6	9	5	3	4	2	7	1
2	4	1	8	6	7	3	9	5
1	2	6	7	8	3	5	4	9
3	9	7	4	5	6	1	8	2
5	8	4	1	9	2	6	3	7

140

7	1	5	4	2	3	8	9	6
9	4	3	7	8	6	5	2	1
8	6	2	5	9	1	4	7	3
1	3	9	2	5	8	7	6	4
6	7	8	9	3	4	2	1	5
2	5	4	1	6	7	9	3	8
5	8	1	6	7	9	3	4	2
3	9	6	8	4	2	1	5	7
4	2	7	3	1	5	6	8	9

141

9	2	8	4	6	3	1	5	7
3	6	4	5	1	7	2	8	9
5	7	1	2	9	8	3	6	4
1	5	2	6	7	9	8	4	3
7	9	3	1	8	4	6	2	5
4	8	6	3	5	2	9	7	1
6	1	7	9	2	5	4	3	8
8	3	9	7	4	6	5	1	2
2	4	5	8	3	1	7	9	6

142

7	2	6	1	3	5	4	9	8
8	3	4	6	9	2	1	5	7
9	5	1	8	4	7	3	6	2
4	1	3	2	6	9	8	7	5
5	9	8	3	7	4	6	2	1
6	7	2	5	8	1	9	4	3
1	6	9	7	5	3	2	8	4
2	8	5	4	1	6	7	3	9
3	4	7	9	2	8	5	1	6

143

3	8	4	2	9	7	1	5	6
7	9	1	3	5	6	2	8	4
6	2	5	4	1	8	9	3	7
1	7	3	9	8	2	4	6	5
9	5	6	7	4	1	3	2	8
2	4	8	6	3	5	7	9	1
4	1	2	5	6	3	8	7	9
8	6	7	1	2	9	5	4	3
5	3	9	8	7	4	6	1	2

144

9	6	7	3	2	4	5	8	1
4	8	2	1	5	7	9	6	3
1	3	5	9	6	8	4	2	7
2	4	8	5	1	6	7	3	9
3	5	6	2	7	9	8	1	4
7	9	1	8	4	3	2	5	6
6	1	4	7	8	2	3	9	5
8	7	9	6	3	5	1	4	2
5	2	3	4	9	1	6	7	8

145

8	1	2	3	9	6	5	4	7
9	5	6	8	4	7	2	1	3
4	7	3	5	2	1	8	6	9
7	4	1	2	6	8	9	3	5
6	8	9	7	5	3	1	2	4
2	3	5	4	1	9	6	7	8
1	9	8	6	3	4	7	5	2
3	2	7	1	8	5	4	9	6
5	6	4	9	7	2	3	8	1

146

3	5	4	8	2	7	9	6	1
2	9	1	3	6	4	5	7	8
8	7	6	9	1	5	4	3	2
4	3	8	6	5	1	7	2	9
9	1	2	4	7	8	6	5	3
5	6	7	2	9	3	8	1	4
7	2	3	5	8	9	1	4	6
1	4	9	7	3	6	2	8	5
6	8	5	1	4	2	3	9	7

147

8	4	6	5	1	9	2	7	3
5	9	2	8	3	7	4	1	6
1	7	3	4	2	6	9	5	8
3	6	4	2	8	1	5	9	7
7	8	9	6	5	4	1	3	2
2	5	1	7	9	3	6	8	4
6	2	8	9	7	5	3	4	1
9	3	7	1	4	2	8	6	5
4	1	5	3	6	8	7	2	9

148

9	5	8	7	3	6	4	1	2
4	2	7	5	9	1	6	8	3
3	1	6	8	4	2	5	9	7
6	7	2	3	5	9	1	4	8
5	4	3	1	2	8	7	6	9
8	9	1	4	6	7	3	2	5
1	8	4	2	7	3	9	5	6
2	3	9	6	1	5	8	7	4
7	6	5	9	8	4	2	3	1

149

3	8	1	4	5	9	6	2	7
2	6	9	1	7	8	3	5	4
4	5	7	2	3	6	8	1	9
9	3	2	6	1	4	5	7	8
6	4	5	3	8	7	1	9	2
1	7	8	5	9	2	4	3	6
8	2	3	7	6	5	9	4	1
5	9	4	8	2	1	7	6	3
7	1	6	9	4	3	2	8	5

150

2	1	8	3	7	6	4	9	5
9	5	6	2	8	4	7	3	1
7	4	3	5	1	9	6	2	8
1	2	9	4	3	8	5	6	7
6	8	7	9	2	5	3	1	4
4	3	5	1	6	7	9	8	2
5	6	2	8	4	3	1	7	9
3	9	1	7	5	2	8	4	6
8	7	4	6	9	1	2	5	3

The Su Doku in this book are provided by:

SUDOKUSOLVER.COM

Generate and solve your Su Doku for free

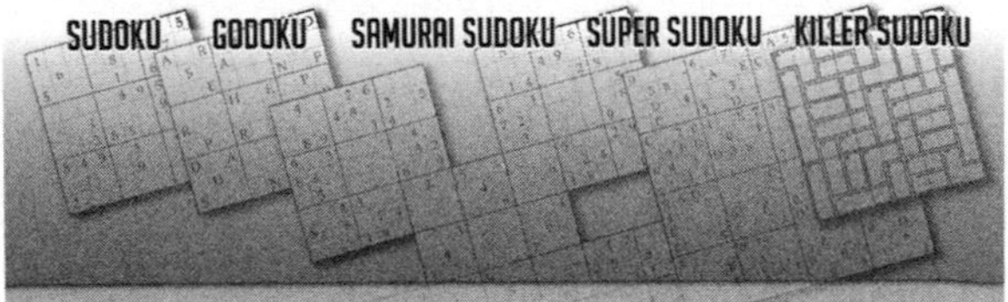

SUDOKU GODOKU SAMURAI SUDOKU SUPER SUDOKU KILLER SUDOKU

Sign up for your own account with the following features:
- ► create your own exclusive Su Doku, Samurai Su Doku and Killer Su Doku puzzles
- ► solve and generate; then print or email any Su Doku puzzle
- ► solve popular puzzles instantly without entering any numbers
- ► view simple explanations of common and advanced Su Doku solving techniques
- ► free entry to win prizes with our Su Doku competitions

Enjoy playing Su Doku more at sudokusolver.com!